U0132385

香港的獨特民主路

劉兆佳 著

商務印書館

香港的獨特民主路

作　　者：劉兆佳

責任編輯：韓　佳

封面設計：楊啟業

出　　版：商務印書館 (香港) 有限公司

　　　　　香港筲箕灣耀興道 3 號東滙廣場 8 樓

　　　　　http://www.commercialpress.com.hk

發　　行：香港聯合書刊物流有限公司

　　　　　香港新界大埔汀麗路 36 號中華商務印刷大廈 3 字樓

印　　刷：陽光印刷製本廠有限公司

　　　　　香港柴灣安業街 3 號新藝工業大廈 6 字樓 G 及 H 座

版　　次：2014 年 5 月第 1 版第 1 次印刷

　　　　　© 2014 商務印書館 (香港) 有限公司

　　　　　ISBN 978 962 07 6545 2

　　　　　Printed in Hong Kong

謹以此書紀念我親愛的母親
方慧仙女士

目　錄

序 言

　　自從上世紀八十年代初香港前途問題出現以來，有關香港民主改革和民主發展的論述和爭論多如恆河沙數，但嚴謹和扎實的學術研究和分析卻猶如鳳毛麟角。香港的政治學者尤其是年輕一輩早已服膺西方民主政治，並積極宣揚和傳授其理論和學說。他們的目標是讓西方民主政治體制和相關的制度配套比如"一人、一票、一價值"（one man, one vote, one value）以及政黨輪替在香港植根，甚至進一步希望香港率先實踐的民主政治能夠成為內地的表率，發揮拉動中國走向"和平演變"道路的先鋒的作用。即便香港的民主政治最終只能在香港開花結果，但它至少可以讓香港在"一國兩制"下發展為獨立政治實體，產生"民主拒共"的功效。香港人中持類似的觀點的人着實不少。香港人普遍對內地同胞懷抱政治優越感，認為在原有的法治、自由、人權、廉政和善治的基礎上，民主政治將會讓香港完全與西方國家接軌，至於如此的話會對香港和國家帶來甚麼負面影響則不在考慮之列。

　　不過，上述觀點卻不被中央和香港的建制勢力所接受。後者基本上從落實"一國兩制"與維護國家主權、安全和發展利益的視角來審視香港的民主改革，強調香港的民主發展需要從服從大局的角度考慮。民主政治只是貫徹"一國兩制"方針和達致其目標的手段。即便作為目標,民主發展的重要性也不能凌駕其他重要目標,比如保障香港的繁榮穩定和維持良好的中央與特區的關係。尤其重要的是,香港不能蛻變為讓境外勢力有機可乘的"反共基地"或"顛覆基地"。以此之故,香港特區政權不能落入與中央對抗的人手中。

基本政治立場的南轅北轍,使得香港不同的政治勢力難以在共同接受的政治框架中共存,香港社會各界在回歸後因此沒有形成一個"政治命運共同體"(political community),由是回歸以來政治衝突連綿不斷。這不但削弱了特區的管治效能,也使得在難以凝聚政制改革的共識下香港的民主發展舉步維艱,從而民主化過程崎嶇不平、曠日持久及前景缺乏明確性與可預測性。各方爭鬥不休的後果之一,是一套頗為複雜和臃腫的行政長官和立法會的產生辦法。在這種惡劣和緊張的政治環境中,香港的穩定、發展與繁榮難免受損。

不過,話也得說回來。圍繞着民主化的鬥爭和爭議雖然鬧得沸沸揚揚,但香港社會基本上仍然是安定的,而經濟發展也取得一定的進展。政治領域一方,和經濟和社會領域另一方雖互為影響,但卻存在着某種隔離,所以政治的紛亂並沒有完全滲透到社會和經濟領域。這個現象和香港的民主運動和主張加快民主步伐的反對派(其主體乃自稱為"民主派"的人士和組織)的力量相對薄弱有關,而大部分香港人不太熱衷於民主鬥爭則削弱了民主運動的群眾基礎。香港民主發展的過程之所以冗長,與香港人的政治文化尤其是他們的"矛盾民主觀"不無關係。

　　從比較政治的角度看，香港的民主化道路是獨一無二的。惟其如此，主流的西方民主發展理論對理解香港的民主化現象用途有限，甚至會做出錯誤或不準確的判斷。我個人一向主張從香港的獨特性思考香港的政治現象，香港的民主發展自不例外。[1] 我對香港的政治和社會發展研究多年，對此的體會特別深。寫作這本小書的目標，是從客觀、現實的視角去描述和分析香港過去三十多年的民主化道路，[2] 特別聚焦在它的方向、速度、內容、機遇、障礙和前景。我的看法是，研究香港的民主發展必須同時從歷史和現實的角度出發，分析香港所處的國際形勢、國內環境、中英關係、香港的歷史背景和香港內部政治勢力的對比，這樣才能好好理解香港為何走上自身獨特的民主化道路，也才能摒棄西方理論的羈絆，找尋一種切合香港具體現實情況的民主改革方案。事實上，其他社會的民主發展經驗不能硬套到香港，而必須通過中央與香港人的共同探討來尋求在"一國兩制"下對國家和香港都有利的民主發展路向。誠然，這個漫長的探索過程是相當痛苦的，最後的結局對所有人來說未必是最理想的，但卻肯定對減少分歧和摩擦，以至香港的長治久安和長遠發展有正面意義。

1　見劉兆佳，"思考香港政治需從香港的獨特性出發，"《港澳研究》，2013年第1期（創刊號），第8-18頁。

2　上世紀九零年代中期，我已就香港的獨特民主化道路進行初步探討。見 Lau Siu-kai, "Hong Kong's Path of Democratization," *Asiatische Studien*, Vol. 49, No. 1 (1995), pp. 71-90. 內容相同的中文版本則見劉兆佳，"香港的民主化道路"（講座教授就職演講專輯二十），《中文大學校刊》，附刊三十二。

本書出版之際，各方政治勢力就 2017 年的行政長官普選辦法正進行着十分激勵的政治較量。無論最終結果為何，按照本書的研究分析，香港的民主化過程遠未完結，與其相關的政治衝突還會延續不斷。一個能夠在一段長時間內"穩定"下來的"終極"特首和立法會的選舉辦法會是如何尚難預見。

香港探求民主化道路的過程在其獨特的歷史和現實條件下"注定"是艱辛和曲折的，而其"終點"也是頗為模糊的。對追求民主政治的人來說，維持理性、耐心、希望、鍥而不捨和包容共濟的精神不可或缺。我衷心希望這本小書能夠對覓尋香港的獨特的民主發展道路有一定的"指路"作用。

劉兆佳
2014 年於香港

緒 論

　　"民主"（democracy）一詞在西方政治學中的定義多如繁星，而其涵蓋面亦千差萬別。以此之故，作為其動態現象的"民主化"概念，各方面的理解也莫衷一是。然而，近數十年來大多數學者傾向採用較狹隘的定義，而美國著名政治學者羅伯特·A·達爾（Robert A. Dahl）的論述最具影響力。達爾將自由、公平和開放的選舉及與其相關的制度安排視為"民主政治"的核心，由是"選舉民主"便成為"民主"的代名詞。[3]把"選舉"（主要指普選執政者）與民主等同起來的觀點，在西方學術界影響深遠，在大部分有關"民主"和"民主化"的研究和論述中，所有尚沒有達致全民選舉執政者的社會都被視為尚未完成"民主化"過程。當然，政治學者也不得不承認，世界上存在着不少光有選舉但卻缺乏法治、自由和人權的社

3　Robert A. Dahl, *Polyarchy: Participation and Opposition* (New Haven: Yale University Press, 1971), pp. 1-9; 又見 Samuel P. Huntington, *The Third Wave: Democratization in the Late Twentieth Century* (Norman: University of Oklahoma Press, 1991), p. 9。

會，[4] 更有不少社會空有選舉但卻無法實施“善治”（good governance）。即便如此，“選舉”仍被認為是“民主”政治體制的靈魂，其重要性壓倒一切。這個“民主＝選舉”的論斷在西方政治界的影響同樣巨大。一直以來，尤其在二次大戰之後，美國和其他西方國家以宣揚和推動西方民主為己任，通過外交、軍事、經濟、滲透和顛覆等手段，威迫或利誘社會主義和發展中國家參照或複製西方選舉制度進行“民主化”，基本上不考慮或理會“揠苗助長”所帶來的不良後果。與此同時，那些雖未完全達到西方選舉制度的要求，卻享有不錯的政治、社會和經濟發展水平，而政府的表現又得到人民擁戴的國家，則仍會不斷受到西方人士的壓力去進行政治“改造”。

　　我的看法是，過於偏狹的“民主”與“民主化”的理解，屬於西方人的偏見，表現出鮮明的西方優越感和傲慢態度。將“民主”與“選舉”等同起來的後果，是容易把“選舉”視為政治發展或進步的最終目標，而把不少人視為更重要的價值與訴求比如自由、平等、有效管治、經濟發展、法治、穩定、和諧等放在次要或不重要的位置上。如此罔顧部分國家的民眾的願望，反而是“不民主”的做法。至於不合時宜地、倉促推行選舉是否會損害其他民眾更為珍惜的東西，往往不在西方政府認真考慮之列。猶有進者，西方式選舉能否真的有利於民主政治

4　Fareed Zakaria, *The Future of Freedom: Illiberal Democracy at Home and Abroad* (New York: W.W. Norton, 2003)。

的實踐和成功，其實又與法治、自由、公民社會等東西息息相關。沒有適當條件的配合及支撐，單憑選舉也難以達致理想的民主之境。此外，將政治焦點過分集中在選舉上會不合理地抹殺一些社會在其他方面所取得的成就，包括執政者在民眾中享有的威望和信任以及人民對當權者所具有的影響力等。

從西方的角度看，由於香港的行政長官尚未經由普選產生，因此香港談不上是民主社會。然而，人們不得不承認，香港所擁有的自由、法治、人權和善治的水平，與西方國家相比絕不遜色。香港的媒體和民眾通過不同渠道的政治參與所能發揮的政治影響力也絕對不可小覷。香港特區政府在管治過程中受到來自社會各方面的影響和制約更不能忽視。應該這樣説，二次大戰以來，選舉化、政治開放化、民眾政治參與的提升、權力多元化、權力下放化等過程在香港同時發生，雖然速度不一樣，但卻產生互為影響的良性作用，總體結果是成就了一個高度自由開放的政治局面。與所有發達社會一樣，香港面對眾多管治和發展上的難題和挑戰，但卻與其政治體制只有部分的關係。事實上，不少西方國家當前所碰到的種種困難，反而與其民主制度的部分特徵有頗大關係，最具體的體現是政府無法得到人民的信任而有效施政。

要全面了解香港的政治發展過程，"民主化"是很好的切入點。毫不誇張的説，香港在二次大戰後的政治變遷，其實就是一種獨特的民主發展過程。要了解和分析這個現象，我們需要一個較廣闊的"民主"和"民主化"定義。簡單的説，"民主"應該指執政者的權力受到社會和民眾的有效制約，從而其行為不能不認真考慮和照顧人民的利益和訴求。引而申之，"民主化"應指權力不斷從當權者手中分離並流向社會各方面的過程。換句話說，"民主化"是一個人民不斷獲得政治權力和影響力的過程（empowerment of the people），至於人民如何取得權力和影響力則是在研究民主化過程時必須聚焦的課題。

從比較角度而言，香港的民主化現象一直以來是一個頗為獨特的政治現象。舉例說，二次大戰結束後，香港締造了舉世矚目的經濟奇跡，香港人的生活水平與西方人民拉近，而一個深受西方價值薰陶的中產階層也昂然登上歷史舞台，然而香港的政治體制依然是威權型（authoritarian）的殖民地政治體制。儘管英國人在香港實施開明和懷柔的管治，但政治權力卻牢牢掌握在殖民政府的手中。在香港，政治學理論中有關經濟發展與民主化的有機聯繫的論述毫不適用。與此同時，香港人在殖民管治下一般享有不錯、至少比內地明顯優勝的人權與自由，但香港的自由化過程卻又與民主化互不相干，民主化沒有伴隨着自由化而發生。此外，國際上出現的大型民主化浪潮對香港的影響不大，香港並沒有追隨世界大勢而變動，而國際社會對香港也沒有施加催促香港推行民主改革的強大政治壓力。反過來說，即便國際上出現反民主化的"逆流"，香港亦沒有因此而發生"威權化"的趨勢。在上世紀八零年代初香港前途問題出現之前，香港可以說沒有出現過強大的民主運動，無論是由反殖民主義衍生的民主運動或是單純為了爭取政治權力而出現的民主運動。可以這樣說，香港在過去幾十年的民主發展來源於一些獨特的因素與動力，在一個特殊的國際環境中發生，擁有自己獨一無二的變化規律，所以呈現具有本身特色的民主形態與運作模式。

本質上，香港的民主發展源於香港前途問題的出現。香港將要面對其政治身份從英國的"殖民地"[5]到中國的特別行政區的巨變，及由此而來的各種政治、社會與心理上的變遷。上世紀八十年代初，香港前途問題乍現，中、英兩國政府就香港在 1997 年後的政治安排進行艱苦和曲折的談判。差不多在同一時間，香港的民主化過程亦遽然啟動。在香港前途問題出現前，英國人固然沒有因為有"撤退"的需要而像其他殖民地般在香港啟動民主化計劃，反而儘量隱瞞真相。當香港前途問題遽然浮現後，香港人的民主訴求雖然上升，但香港缺乏強大的政治組織和公民團體來爭取和推動民主進程。香港的民主發展遂不可避免地由中、英兩國政府來主導。然而，兩國政府對香港民主化的內涵、目標、幅度和速度有着嚴重且不可彌縫的分歧。在香港人之中，基於對中國共產黨和對回歸的恐懼和憂慮，無論是反對派還是建制派勢力都將注意力集中在如何從兩國政府手上奪取政治權力之上。在聲稱為香港爭取最大的"高

5　在本書中，凡提到香港是英國的"殖民地"時都加上引號，是因為中國政府一貫的立場是英國是以武力奪取香港，所以不承認英國對香港擁有主權，香港作為英國的屬地沒有法律依據，而香港作為英國的"殖民地"也不能從一般的殖民地的意義來理解。惟其如此，當中國於 1972 年恢復其在聯合國的合法地位後，中國政府便馬上要求聯合國將香港在其殖民地名單上剔除。中方的立場得到聯合國的認同。見張春生、許煜編著，《周南解密港澳回歸 —— 中英及中葡談判台前幕後》（香港：中華出版社，2012），第 108~110 頁。

度自治"權力的同時，他們之間又掀起了權力的爭奪。他們與
中、英政府的複雜的政治互動在相當程度上影響了香港的民主
化過程。這個民主化過程迄今尚未完畢，還在跌盪起伏地蹣跚
前進，還在不斷造成社會的分化與內耗，而且在頗大程度上損
害了香港的穩定和各方面的發展。尤有進者，香港民主發展的
未來仍然具有"開放性"（open-endedness）和不確定性（uncer-
tainty），現在難以對其未來發展方向和結局作出具體的預測。
與上世紀七十年代初以來在西歐、南歐、亞洲、拉丁美洲、加
勒比海、東歐、俄羅斯和前蘇聯加盟共和國出現的大量的"第
三波"民主化事例比較，香港的民主發展歷程極為獨特，甚至
可以説無先例可循。[6] 即使與上世紀五十年代後期開始在殖民
地紛紛獨立後發生的民主化相比，香港的民主化經驗也不盡相
同。因此，要了解和分析香港的民主化現象，包括其緣起、過
程、參與的政治力量、爭持的焦點、變化的軌跡、以至衍生的
後果，我們不能簡單套用西方理論，只能小心謹慎從香港的特
殊歷史背景和現實情況入手，才能較好地掌握香港過去三十多

6　見 Samuel P. Huntington, *The Third Wave: Democratization in the Late Twentieth Century* (Norman: University of Oklahoma Press, 1991)。一部分學者認為自上世紀九零年代初在一些前社會主義國家發生的民主化應該屬於"第四波"民主化事例，包括所有曾經經歷"顏色革命"的國家，例如塞爾維亞、格魯吉亞、烏克蘭、吉爾吉斯。

年來政治變遷的脈絡。[7] 質言之，香港的民主發展道路，是印
證香港政治的獨特性的鮮明例子，因此可以稱之為 "香港特色
的民主化"。[8]

---

[7] 西方學者一般認為民主發展有一個頗為清晰的，包括幾個不同階段的政治進程，最後達致一個鞏固的民主政治體制。當然，不同學者在分析個別國家的情況時在理論方面會作出一些修訂，但總的來說他們在理論上的差別不是太大。見 Dankwart A. Rustow, "Transitions to Democracy: Toward a Dynamic Model," *Comparative Politics*, Vol. 2, No. 2 (April 1970), pp. 337-363；Lisa Anderson (ed.), *Transitions to Democracy* (New York: Columbia University Press, 1999)；及 Kathryn Stoner and Michael McFaul, *Transitions to Democracy: A Comparative Perspective* (Baltimore: The Johns Hopkins University Press, 2013)。

[8] 見劉兆佳，"思考香港政治需從香港的獨特性出發，"《港澳研究》，2013 年第 1 期（創刊號），第 8-18 頁。

第一章　懷柔殖民管治模式

　　與其他西方國家的殖民地相比，香港在一個半世紀中所經歷的殖民管治頗為獨特，其獨特性主要體現在英國人的懷柔（benign）管治方式上。[9] 懷柔管治的基本特徵包括尊重法治、人權與自由，保護私有產權，有限職能政府（limited government），輕徭薄賦，讓自由市場和公平競爭在經濟領域中發揮主導作用，保持財政政策、貨幣政策和港元幣值的穩定，儘量少介入和干預華人社會的生活、傳統、習慣和宗教，儘量減少暴力鎮壓手段在管治中的角色，在施政上重視民意搜集和廣泛諮詢，盡可能避免擾民和加重民眾負擔，實行輕巧治理（light governance）等。懷柔管治是高壓和高度剝削性管治的反面。然而，必須指出，懷柔管治並沒有改變香港的政治體制的威權或獨裁本質，因為香港總督在"殖民地"的憲政架構中大權獨攬，而且社會上不存在挑戰殖民政府的政治力量。懷柔管治之所以在香港出現，是"殖民地"政府刻意選擇自我約束權力運

9　"懷柔"是中國古代政治詞彙，指用政治手段籠絡和安撫其他民族或國家，使其歸附自己。《史記・鄭世家》："秦，嬴姓，伯翳之後也，伯翳助舜，懷柔百物。"《漢書・郊祀志》："天子祀天下名山大川，懷柔百神，咸秩無文。"又《三國志・魏書・陳群傳》："懷柔夷民，甚有威惠》。"王勃《三國論》："愚知〔曹〕操之不懷柔巴蜀，砥定東南，必然之理也。"

用的結果，而其目的是讓香港發展為一個對英國以至大英帝國
有價值的商埠，特別是當香港須要與其他中國沿海因不平等條
約而開放的通商口岸競爭之際。[10]

　　必須指出的是，"殖民地"的懷柔管治並非從一開始便出
現的，而是經過長年累月，汲取教訓和累積經驗後逐步錘煉而
成的。一些缺乏歷史認識和視野的人往往把英國人在撤離香港
前夕的管治方式視為貫徹於整個"殖民地"時期的管治模式，
這是以偏概全，過分美化了香港的"殖民地"過去。[11] 就以廉
潔政府為例，在 1974 年總督特派廉政公署成立以前，香港政
府和商業機構的貪污和賄賂活動還是非常猖獗的，而廉政建設
也要經過長時間和克服不少障礙後才取得良好成績。長期在香

10　我曾對英國人的管治方法作概括性的分析。見 Lau Siu-kai, *Society and Politics in
　　Hong Kong* (Hong Kong: The Chinese University Press, 1982)。前殖民政府布政
　　司鍾逸傑（David Akers-Jones）在其辦公室內有一幅字畫，上面寫上中國古代大哲
　　學家老子的《道德經》中"治大國若烹小鮮"的字句。香港的殖民管治頗能得到"治
　　大國若烹小鮮"的精髓。

11　長期以來，對香港"殖民地"歷史的研究沒有得到學術界的充分重視，因此文獻
　　稀少。大部分學術著作來自英國學者，他們往往從西方人的角度出發，集中描述
　　"殖民地"的政府和制度，傾向美化殖民管治，而對華人社會的形態和變化一般既
　　認識有限，亦著墨不多。比較重要的香港史著作包括 G.B. Endacott, *A History of
　　Hong Kong* (Hong Kong: Oxford University Press, 1964); Frank Welsh, *A History
　　of Hong Kong* (London: HarperCollins, 1997); Steve Tsang, *A Modern History of
　　Hong Kong* (Hong Kong: Hong Kong University Press, 2004); 及 John M. Carroll,
　　A Concise History of Hong Kong (Lanham: Rowman & Littlefield, 2007)。內地學
　　者的研究其實相當依賴英國學者的研究成果，但卻過分誇大香港華人的反殖情緒和
　　民族意識。可參考元建邦著，《香港史略》（香港：中流出版社，1987）；余繩武、
　　劉存寬主編，《十九世紀的香港》（香港：麒麟書業，1994）；余繩武、劉蜀永主編，
　　《20 世紀的香港》（香港：麒麟書業，1995）；及劉蜀永主編，《簡明香港史》（新版）
　　（香港：三聯書店，2009）。試圖從香港華人社會的角度探討香港歷史的更少，可見
　　Jung-fang Tsai, *Hong Kong in Chinese History: Community and Social Unrest in the
　　British Colony, 1842-1913* (New York: Columbia University Press, 1993) 及蔡榮芳，
　　《香港人之香港史 1841-1945》（Hong Kong：Oxford University Press, 2001）。

港工作並致力為貧苦大眾請命的英國人杜葉錫恩女士的親身經歷，形象地揭露了殖民管治陰暗的一面。[12]

　　事實上，儘管懷柔手段乃殖民政府的主要管治策略，但我必須指出，鎮壓手段（coercion）的重要性從來不被英國人低估，而且在緊要關頭會毫不猶疑地運用。相關例子在香港的"殖民地"歷史中絕對不少，戰後較觸目的事例是殖民政府在了解到在文化大革命中處於水深火熱狀態的中國政府無意收回香港後，遂下定決心以武力鎮壓那個由香港左派勢力發動的"反英抗暴"行動。事實上，殖民政府對於那些矢志效忠中國共產黨並懷有反帝國主義思想的香港左派組織和人士心懷戒懼，長期以來以壓制、孤立和排斥手段對付。無可否認，鎮壓手段在整個香港殖民管治歷史中的角色只是位居次要，原因其實十分簡單。既然絕大部分從內地移居香港的華人是為了逃避內地的戰亂或找尋發展機會而自願成為"殖民地"人民，則他們自然沒有推翻殖民政府的誘因。再者，香港的華人其實不願意接受滿清、國民黨或共產黨政府的統治，並以香港為"避難所"和"庇護所"。在明知香港不可能走向獨立的情況下，他們也不希望以中國政府的管治來交換英國的殖民管治。因此，在一個半世紀的殖民管治中，英國殖民者其實得到了來自中國政府特別是中國共產黨政府的"政治補貼"，從而無須害怕香港的華人會受到民族主義和反殖思潮的感染而"揭竿而起"。因此，既然鎮壓手段在大部分時間只擔當"引而不發"和"備

12　見 Elsie Tu, *Colonial Hong Kong in the Eyes of Elsie Tu* (Hong Kong: Hong Kong University Press, 2003)。

而不用＂的＂阻嚇＂角色，英國也無須在香港派駐大量的軍隊。[13]

不可否認，英國人在香港的懷柔管治，對香港日後的民主發展的作用和影響甚為深遠。簡單地說，懷柔管治顯著地降低了香港人的政治不滿和怨氣，緩和了香港人的民主訴求，限制了香港的各式民主運動的規模，因此讓各種政治保守勢力有足夠的時間、空間和機會去塑造香港的民主發展路向。鑒於英國人的懷柔管治模式對香港民主發展的重要性，我認為有必要對之作較詳盡的論述。

殖民香港的目的

首先要確定的是英國人在 1843 年攫奪香港為其＂殖民地＂的目的。[14] 在十九世紀中葉，英國國內已經隱約出現反對帝國主義、殖民主義和奴隸貿易的呼聲，因此究竟英國是否應該迫使滿清政府割讓一片土地，並在其上建立英國的殖民地曾經引

13　需要指出的是，相對於香港的人口來說，香港警察的數量其實不少，原因是香港警察也承擔了部分的一般在其他地方由軍人負責的鎮壓任務。

14　早在 1793 年，麥卡特尼勳爵（Lord Macartney）率領代表團到中國向清朝的乾隆皇帝提出通商的要求時，英國政府曾經指示他向中國政府提出取得一個島嶼的請求。內皮爾勳爵（Lord Napier）在 1834 年再次促請英國政府提出這請求。他們的盤算是：這個島嶼會讓英國商人獲得更大的個人安全的保障；它會讓法院在英國的控制下運作，而對當時維多利亞時代的英國人來說法律與秩序就等於文明；它如能自由運作的話會成為一個大型的貿易展覽場所；最後，這個島嶼會提供具有莫大戰略價值的軍事和海軍基地。這即是說，英國謀求在中國沿岸奪取領土的意圖早於鴉片戰爭發生前已經存在。見 G.B. Endacott, *Government and People in Hong Kong 1841-1962: A Constitutional History* (Hong Kong: Hong Kong University Press, 1964), p.12。

發爭議。一種意見認為，在中國沿岸的土地上興建殖民地，將會長期製造中國人對英國人的怨恨，英國在該殖民地上的管治將會遇到源源不絕的來自中國人的挑戰和干擾，代價會很巨大。況且，英國之所以決定與中國開戰，主要目的在於迫使滿清政府在法律上容許鴉片貿易及開放數個通商口岸以方便英國對華貿易。就算要在中國領土上建立殖民地，香港的地理位置和其 "荒島"（barren rock）的性質也不一定比其他島嶼比如舟山為優勝。不過，中英兩國在 1843 年簽署不平等的《南京條約》，正式割讓香港予英國前，英國軍隊已經在 1841 年佔領了香港，並鼓勵英國商人和一些勾結英國人的華人在香港進行開發。這些人的利益與香港會否繼續由英國人管治有密切關係。在英國商人的遊說與壓力下，既然英國政府起初也沒有強烈反對在中國土地上開拓殖民地的動機，香港遂 "自然地" 或 "順理成章" 地成為英國的 "殖民地"。可以說，從一開始，香港和英國的商業利益便緊緊地纏結在一起，深深地左右着香港往後的發展。

　　然而，香港畢竟是英國人倚仗其 "船堅炮利" 的軍事優勢，並以殺戮不少頑強抵抗的中國人而換取得來的，加上白種人的種族優越感、"白種人的負擔"（white man's burden）（即上天賦予白種人對有色人種的教化責任）的思想、和基督教傳教士的激情，英國人在香港 "開埠" 所開具的理由絕不限於商業和經濟利益。為了 "合理化" 殖民管治，英國人極力突出一些崇高的使命，並強調那些使命在建構殖民管治方式時的指導作用。

按照那些主張在香港建立英國的"殖民地"的人的説法，
攫奪香港的目的是要建立一個有利於英國對華和遠東貿易的商
埠據點，該據點處於英國的完全和絕對"主權"之下，實施由
英國人確立的制度、法律和政策。這個商埠雖然是英國的"殖
民地"，但卻歡迎全世界的人才和資金，因此具有"世界性"
（cosmopolitan）的特色。除了貿易和經濟意義外，香港還具有
防衛和軍事上的重要性。同樣重要的是，香港要在原屬中國
的地方，示範一種有別於滿清政府的野蠻和落後的管治方式，
該方式凸顯開明、法治和對個人的尊重。此外，香港還負有
宣揚西方文明和"教化"中國人的使命。據克里斯托弗‧芒恩
（Christopher Munn）的分析，在"殖民地"的始創者的"願景"
（vision）中，香港不單是中國貿易的最大的百貨商場（empori-
um），也是英國良好管治的示範場、歐洲文化的展覽廳和東西方
的銜接點。在香港，東西方的禮儀、制度和技術以有建設性和
互利的方式進行相互交流。"[15]

　　從一開始，香港在法律上便是英國的"皇家殖民地"(crown
colony)，殖民政府直接受到英國政府的指揮和監控，並向英
國政府負責。殖民政府的責任，是"代表"和"照顧"所有香
港居民包括那些只在香港短暫居留的人的利益和福祉，而不單
純是英國人或已歸化英國的香港居民的利益和福祉。當然，這
個殖民政府的自我定位沒有完全得到香港的英國人的認同。這
些人覺得他們才是率先到香港這個"荒島"開發和定居的開拓

15　Christopher Munn, *Anglo-China: Chinese People and British Rule in Hong Kong,*
1841-1880 (Hong Kong: Hong Kong University Press, 2009), p. 2。

者，相對於那些後來才移居到香港並只打算作短暫居留的華人，他們才真正是香港的主人，因此他們屢次要求取得參與"殖民地"管治的權力和地位。這些英國人的政治要求並沒有得到英國政府和殖民政府的積極回應，主要原因是如果順應他們的要求的話，這些人會以他們的偏狹利益為依歸，大英帝國的利益會因而受到損害，而香港將難以發展為一個能夠吸引各方人才和資金的"國際性"商埠，反而香港管治的"公平性"會下降，同時種族矛盾會激化。[16] 事實上，從一開始，英國人便以家長心態處理與香港華人的關係，並以"居高臨下"的姿態俯視其華人"子民"。

在長達一個半世紀的殖民管治時期內，儘管經過不少風風雨雨，英國人從來沒有認真考慮過主動將香港交還中國。當然，不時有英國人質疑香港對英國的價值，小部分人則刻意貶低香港對英國的經濟意義，目的是讓香港的華人覺得英國之所

16　香港的英裔居民曾經在 1894 年和 1916 年向英國政府提出在香港實施由他們主導的自治政府（self-government），但兩次都被否決。英國的殖民地大臣里彭勳爵（Lord Ripon）於 1894 年對此提出的反對理由，是因為香港是一個位於外國邊界地區的屬於帝國並為帝國利益服務的據點，因此不適宜由當地的英國人來進行自治。此外，當時英國的兩大政黨也一致同意認為如果授予香港的英國人更大的政治自治權的話，會與英國肩負的保護香港華人利益的道義責任有抵觸。香港英裔居民的"無理"要求，反而更堅定了英國各界對於香港是皇家殖民地的原則的執着。英國政府的看法是，香港華人的利益最好是由英國政府殖民地部來照顧，而不是由香港本地的人數極少的英國人進行"寡頭"管治，即便這些人是以某種民主辦法選舉產生。同時，英國人又不認為占香港人口大多數的華人具備條件來治理香港，特別考慮到香港的經濟重要性和帝國利益的巨大。鑑於香港社會的人口變動不經，華人和歐洲人自願到香港來的目的都是為了本身的利益，現有的殖民政府已經基本上滿足了他們的需要，並且為他們提供了必要和最低限度的治理，讓香港的不同群體能夠工作和居住在一起，所以改變香港的管治模式並無需要。見 G.B. Endacott, *Government and People in Hong Kong 1841-1962: A Constitutional History* (Hong Kong: Hong Kong University Press, 1964), pp. 122-135。

以維持香港為她的"殖民地"的理由非出於自身利益,而是履行對香港人的道義責任和殷切關懷。前殖民政府中央政策組首席顧問顧汝德(Leo F. Goodstadt)曾這樣描述香港對英國的價值:倫敦對於在二次大戰後繼續保留香港為殖民地的誘因很弱。這個殖民地已經變為英國的一個遙遠的前哨基地,其戰略意義很低,而其對聯合王國的商業價值非常有限。"[17] 不過,這個論斷經不起事實的考驗。歷史證明,英國竭力抵擋來自美國總統羅斯福和中國領導人的巨大壓力,甘冒破壞盟國間的團結合作之險,堅決反對在日本戰敗後把香港交還中國。背後的原因不言而喻,那就是香港對英國的戰略和商業價值非凡。英國學者安德魯・J・懷特菲爾德(Andrew J. Whitefield)翻查了大量英國政府的解密檔案,對英國在二次大戰期間的香港政策進行認真的探究,從中得以細味英國人對香港的態度。幾乎所有英國官員和政客都同意,能否從日本人手中收復香港與大英帝國的存亡與榮譽有密切關係,香港的經濟價值反而不在重要考慮之列。為了保留香港為英國殖民地所需要付出的代價卻從未有過認真探索。"香港是英國在遠東恢復其帝國的鑰匙,並且在更大的範圍而言,香港更是在全球維繫英國的帝國野心的鑰匙。……假如英國被迫放棄香港,那將會為她其他的殖民地造成先例。……可以毫不誇張的說,英國在遠東的外交政策往

17　Leo F. Goodstadt, *Uneasy Partners: The Conflict Between Public Interest and Private Profit in Hong Kong* (Hong Kong: Hong Kong University Press, 2009)。

往是從香港的棱鏡來觀察的。"[18]

　　對英國政府來說，"從財政和戰略方面來量度，香港並不重要。英國認為香港並非十分有用或者很容易防守。相反，跟帝國的其他部分一樣，香港恰好是她的殖民地而已。"[19] "英國的政客有這樣一種心態，那就是把'聲譽'和'榮譽'看得比明智的策略更重要。"[20] "有趣的是，人們往往不從經濟或戰略角度看帝國，而是從道德層面。即便殖民地不被視為來自上帝的'付託'，它們也起碼從道德標準來衡量。普遍的看法認為英國有責任讓世界'走向文明'。"[21]

　　儘管香港一直以來對在"遠東"做生意的英國商人有莫大價值，但其對大英帝國的經濟重要性在二次大戰後才特別明顯。縱然如此，在二次大戰期間，英國人已經深謀遠慮，考慮到了香港日後的經濟價值。"中國大陸動盪不已的政治局面，使得英國更意識到在香港擁有一個穩定的貿易據點的重要性。……英國缺乏資源，而戰後的〔國際〕經濟關係又不明朗。……香港遂被描繪成英國在遠東的最核心的利益，因此〔從日本人手中〕收復香港至關重要。"[22]

　　其實，從歷史研究得知，長期以來，香港對英國的經濟、戰略、政治和精神上的意義和價值都不少；對英國商人來說涉

18　Andrew J. Whitefield, *Hong Kong, Empire and the Anglo-American Alliance at War, 1941-1945* (Hong Kong: Hong Kong University Press, 2001), p. 4。

19　*Ibid*, p. 17。

20　*Ibid*, p. 20。

21　*Ibid*, p. 25。

22　*Ibid*, p. 165。

及的利益尤其巨大。"九七"問題出現前，英國人已經殫心竭慮謀求各種保存香港為其"殖民地"的辦法，而在"九七"問題出現之後，英國政府更是無所不用其極地阻撓中國收回香港。因此，任何質疑香港對英國的價值之說，應該視為無稽之談。

"先有'殖民地'，後有'殖民地'人民"

既然香港作為英國"殖民地"是英國人在對華及遠東貿易的橋頭堡，則如何將香港建設為繁榮和穩定的商埠，便是英國殖民者在進行管治時重中之重的考慮。首先，英國的政策排除了讓香港發展為好像澳大利亞、加拿大或美國般為歐洲人移民和定居的殖民地。香港的經濟功能、面積和氣候不容許它成為大規模和永久的以歐洲人為主體的聚居地。同時，英國政府與"殖民地"精英的共同看法是，不應該鼓勵勞工階層的歐洲人到香港遷徙，因為這些人無法跟那些工作勤快和工資低廉的華人勞工競爭。此外，需要引以為憂的是，歐洲人假如在香港因競爭失敗而沉淪潦倒的話，會對英國殖民者們帶來負累和尷尬。"[23] 在這個大前提下，香港的開發與發展除了需要吸引歐洲商人和資本外，更需要鼓勵大量的來自中國大陸的殷實商人、名流紳士、技術工人和一般勞工到香港來，特別考慮到他們也可以被吸引到中國沿岸的其他通商口岸發展。為了達到這

23　Christopher Munn, *Anglo-China: Chinese People and British Rule in Hong Kong, 1841-1880* (Hong Kong: Hong Kong University Press, 2009), p. 57。

些目標，一開始英國侵略者便宣佈香港為"自由港"，是"友善營商"（business-friendly）的地方，並為此訂立一系列相關的法律和政策。殖民政府確定了推動自由貿易、保護私有財產、建構公平法治、維護新聞自由、崇尚宗教多元化、實施開明與輕巧管治為殖民管治的一些基本原則。殖民政府非常有意識地將香港的懷柔管治與滿清政府的"野蠻"管治對比，刻意突出香港營商和生活環境的優越性，目標在於鼓勵它屬意的華人的來歸。在長達一個半世紀的殖民管治中，尤其在二次大戰之後，香港的法治、自由、人權、行政管理、廉潔、民生和經濟狀況都取得長足的發展。"繁榮"和"穩定"不單是香港的基本現實特徵，逐步也演變為香港人珍惜的重要"道德""價值"。在所有西方殖民地中，香港的成就是驕人的。

　　"先有'殖民地'，後有'殖民地'人民"是香港作為英國"殖民地"的最佳寫照，更是香港作為"殖民地"的與眾不同之處。英國人有迫切需要吸引大批中國大陸的華人到香港來定居、工作和發展，香港必須是一個能夠讓他們覺得可以安身立命和發家致富的好地方。因此，懷柔殖民管治不單不可或缺，更是區別香港與其他絕大部分英國和其他西方國家的殖民地的主要特徵。在其他殖民地，懷柔管治絕無僅有，反而剝削和壓制才是常規。與其他殖民地的最大分別，是香港"殖民地"的人民是"甘願"成為"殖民地"臣民的。這樣不是說殖民政府與華人合作無間，融洽相處。事實上，在早期的香港，由於英國人是以侵略手段奪取香港的，內地的官員、士紳和群眾，以至部分香港的華人都對英國人有惡感和敵意，華人與殖民政

府、英國人和香港警察互不信任、互不了解、互相防範、且時
有摩擦。香港華人尤其是勞動群眾因為爭取自身利益、不滿受
到不合理或粗暴對待、受到內地反對帝國主義壓迫的思潮和運
動的感染、受到內地政府或政治勢力的動員、受到中國民族主
義的號召或因為中國與西方列強發生戰爭等因素的影響,經常
會策動和參與一些反殖民政府和反帝國主義的行動。[24]1922 年
和 1925 年爆發的兩起省港大罷工是一例,不僅是最大規模的
事件且程度激烈;1967 年出現的"反英抗暴"行動是另外一
例。不過,真正矢志要推翻殖民政府的行動則少之又少,而且
往往受到香港的華人精英的反對和壓制。總的來說,在整個
"殖民地"歷史中,殖民管治基本上沒有遇到來自香港華人的
嚴峻挑戰。

由於重洋遠隔,通信不便,即便在法律上和制度上香港殖
民政府受到英國政府的嚴密監督和控制,但實際上殖民政府享
有相當大的自治權力,可以根據香港的具體情況自行進行管
治。[25]隨着時間的推移,儘管交通和通信條件越來越發達,殖
民政府累計下來所取得的自主性反而越來越高,在二十世紀甚
至出現一些殖民政府為了維繫它在香港華人中的威信和"認受
性",從而為了"促進"香港利益而"損害""宗主國"利益的

24　見 Jung-fang Tsai, *Hong Kong in Chinese History: Community and Social Unrest in the British Colony, 1842-1913* (New York: Columbia University Press, 1993) 及蔡榮芳,《香港人之香港史 1841-1945》(Hong Kong:Oxford University Press, 2001)。

25　從 1948 年開始,殖民政府在財政上的自主權不斷增加。殖民政府每年的財政預算案自 1958 年起無需在通過前先交由英國政府審視。1972 年後港幣不再與英鎊掛鈎,殖民政府可以自行決定其財政儲備中投放於英鎊的比例。

事例。[26] 當然，英國政府插手香港事務的例子也不少，特別是當香港出現財政困難而需要倫敦救援、殖民政府在某些問題上缺乏研究能力和相關知識、有英國國內政黨或勢力企圖要香港採納它們提倡的"開明""進步"政策、或在重大英國利益攸關的時候。不過總的來説，英國政府還是願意儘量尊重殖民政府經過對當地情況研判和衡量後所擬定的政策，而殖民政府又擁有不少可以"抵禦"和"糊弄"宗主國政府的板斧，由此殖民政府的高度自治的地位得以逐步確立。[27]

必須指出的是，英國人的懷柔管治體系不是一蹴而就的，而是經過長期的實踐、調整和努力慢慢形成的。殖民管治模式的不斷"完善"，體現了英國人的政治智慧、務實主義和靈活應變能力。他們不受僵化的思想教條左右，唯一考慮是保障大英帝國的榮譽、權力和利益，以及在香港的有效管治。簡單的説，香港"殖民地"建立後的頭三十年，殖民管治頗為高壓、不公和粗疏。稍具雛型的懷柔管治形態在 1870 年代開始出現，並逐步演進。1941 年末日本佔領香港，沉重打擊了大英帝國和英國人的聲譽，加上二次大戰後帝國主義和殖民主義在美國、蘇聯和"第三世界"的譴責聲中聲名狼藉、以反帝反

26　見 Leo F. Goodstadt, *Uneasy Partners: The Conflict Between Public Interest and Private Profit in Hong Kong* (Hong Kong: Hong Kong University Press, 2009), pp. xix-xxi。

27　可參考 Norman Miners, *Hong Kong under Imperial Rule 1912-1941* (Hong Kong: Oxford University Press,1987); Gavin Ure, *Governors, Politics and the Colonial Office: Public Policy in Hong Kong, 1918-58* (Hong Kong: Hong Kong University Press, 2012); 及李鵬廣，《管治香港：英國解密檔案的啟示》(Hong Kong: Oxford University Press, 2012)。

殖為職志的由中國共產黨締建的中華人民共和國的成立、大批
西方國家的殖民地紛紛走向獨立等情況的出現，迫使殖民政府
在戰後進一步和不斷改進懷柔管治策略。隨着英國人意識到香
港"九七"問題的臨近，英國人的懷柔管治更臻完美。殖民政
府最後甚至試圖通過"代議政制"的變革讓香港蛻變為一個"主
權在民"和有力量抗拒中國政府"干預"的獨立政治實體。

"高等華人"

直到"九七"問題出現之前，殖民管治的大前提是英國完
全擁有對香港的"主權"，而殖民政府則牢牢掌握所有的政治
權力，並以此對香港實行直接管治（direct rule）。英國一方面
不容許中國大陸的中央政府和地方政府插手香港事務，另一方
面也不讓中國的法律在香港實施。[28]不過，與此同時，英國人
對香港的華人卻懷有強烈的種族歧視、恐懼、懷疑和排斥心
態。他們覺得華人落後、愚昧、狡詐、骯髒、難以捉摸和難以
控制。在為數眾多的華人的包圍下，英國人缺乏安全感。[29]英

28　英國政府起初其實是願意讓"殖民地"的華人受到滿清的法律所管轄，並由"殖民
　　地"的華人官員負責執行。不過，這項頗為寬鬆的政策卻得不到"殖民地"的官員
　　的支持。他們認為如果英國的法院不能完全主導的話，殖民政府便難以維持香港的
　　治安。他們認為可以讓華人保留其風俗習慣，前提是它們不抵觸香港法律，但在香
　　港實施中國法律則萬萬不可。見 G.B. Endacott, *Government and People in Hong
　　Kong 1841-1962: A Constitutional History* (Hong Kong: Hong Kong University
　　Press, 1964), p. 38。

29　Leo F. Goodstadt, *Uneasy Partners: The Conflict Between Public Interest and
　　Private Profit in Hong Kong* (Hong Kong: Hong Kong University Press, 2009), pp.
　　20-26。

國人不願意與華人有不必要的接觸，交談時堅持用英語，也缺
乏認識和欣賞華人社會和中國文化的動機。以此之故，在直接
管治的框架下，英國人需要有一批華人領袖來充當殖民政府和
華人社群的中間人，協助殖民者對華人進行管理和控制，進而
爭取華人對殖民管治的接受和支持。然而，殖民政府基本上不
容許華人領袖和團體擁有實質權力，特別是武裝力量。因此，
那些協助殖民政府管治香港華人的華人領袖並非好像一些其他
英屬殖民地的地方領袖般具有自己的政治、財政和鎮壓手段，
甚至可以使用當地的傳統習俗和法規來進行間接管治（indirect
rule）。[30] 所以，英國人的懷柔管治的核心內容，是根據社會環
境的變化和政治的需要而不斷從華人社會中物色和培養那些
能夠充當政治中間人的華人精英，把他們吸納到"殖民地"的
管治架構中，讓他們成為殖民政府的"同路人"（fellow travel-
er）。[31] 另一方面，殖民政府的"社會不干預"政策保存了華人
社會的"完整性"和"自我調理"的功能，使得華人社會能夠
有效處理部分源於華人中間的問題和需要。眾多的華人家庭和
民間組織通過"社會包容政治"（social accommodation of poli-

30　就算在新界地區，儘管鄉村領袖和士紳階層在英國人佔領新界前一直都擔當政治領
　　導的角色，但在"殖民地"時期這些人基本上沒有獨立權力，而是殖民政府直接管
　　治新界的襄助者而已。見劉潤和，《新界簡史》（香港：三聯書店，1999），第39-82
　　頁。

31　金耀基以"行政吸納政治"（administrative absorption of politics）來形容這個政治
　　現象。他認為殖民政府這樣做的好處和目的是防止在華人社會中出現有能力挑戰
　　殖民管治的政治領袖。見 Ambrose Yeo-chi King, "Administrative Absorption of
　　Politics in Hong Kong: Emphasis on the Grassroots Level," *Asian Survey*, Vol.
　　15, No. 5 (May 1975), pp. 422-439。另外可參考 Law Wing Sang, *Collaborative
　　Colonial Power: The Making of the Hong Kong Chinese* (Hong Kong: Hong Kong
　　University Press, 2009)。

tics）的過程，讓一些可能演化為政治議題或爭端的事情在華人社會中得以"化解"和"消融"，減少它們為殖民政府製造麻煩的機會。[32] 那些被殖民政府吸納的華人領袖作為華人社會的重要人物肯定也在"社會吸納政治"的過程中發揮重要作用。

　　然而，在香港"殖民地"開埠後的頭三十年中，殖民政府實施的不但不是懷柔管治，反而是高壓和粗暴的治理方式。當時殖民政府的管治機構處於草創階段，人員、資源、制度和經驗缺乏、法律不健全、健康和衛生情況欠佳。英國人雖然蓄意建立香港為自由港，但實際上貿易並不自由和公平，各種壟斷性行業、營業許可證、間接稅、合法與非法的苛政雜稅充斥於市。華南地區社會不安、經濟凋敝、政局糜爛，導致大量遊民、貧民、賤民和不法分子大批湧入香港，造成盜賊橫行，治安不靖的局面。更甚者，在內地政府和社會賢達的抵制下，一般擁有財富和名望的人不願意移居香港。跟印度、星加坡、鴉片戰爭前的廣州和那些因不平等條約的簽訂而開通的中國沿海的通商口岸不同，香港原來的人口稀少，沒有地方上的政治組織和領導，所以殖民政府在管治過程中無法好像如印度和星加坡般馬上在香港找到本地的社會領袖來充當政治"中間人"，並依靠他們對那些暫居和無根的華人移民實施社會和政治控制。在這種惡劣條件下，殖民政府一方面對華人社群採取撒手不管的態度，另一方面則為了維持治安無奈藉助一些不良分子

32　見 Lau Siu-kai and Ho Kam-fai, "Social Accommodation of Politics: The Case of the Young Hong Kong Workers," *The Journal of Commonwealth and Comparative Politics*, Vol. 20, No. 2 (July 1982), pp. 172-188。

作為控制華人的工具。這些人包括那些背叛中國、為英國軍隊
攻打中國和侵佔香港提供支援的華人及那些從事走私、盜竊、
賣淫和秘密會社活動的人。不過，這些人在華人居民中不受尊
重，雖然在社會控制方面發揮一定效用，但卻難以提升殖民政
府的威信。所以，殖民政府還要高度依賴武力鎮壓、嚴刑峻法
和各種控制手段（比如宵禁、罰款、拘役、鞭笞、帶枷示眾、
每年進行的人口調查）來維持治安和實施管治。其時，殖民政
府粗暴介入和干擾華人的日常生活和方式，華人社會的風俗習
慣不受尊重。在維持治安和改善衛生的前提下，公平執法形同
具文，甚至嚴苛和專橫的滿清法律和刑法亦被隨意地應用到
華人身上。緊急法律和權力經常被動用。反對殖民政府和殖民
管治的行動時有發生，主要來自下層群眾，原因是反抗一些高
壓措施和執法的行為。內地發生的反對帝國主義壓迫的事件、
中國與西方列強的衝突戰爭和革命活動都會激發部分香港人的
反殖情緒和行動。雖然香港沒有出現大規模推翻殖民政府的運
動，但殖民政府與一般群眾之間存在某種緊張關係卻是不爭的
事實。

　　自 1870 年代開始以來，香港的管治情況有所好轉，一個
由英國遣派到香港的精英政務官階層主導的、具有較高行政能
力的官僚系統逐步建成，他們當中部分人甚至通曉中文和粵
語，少數人後來更以香港為家。[33] 尤為重要的，殖民政府開始

33　見曾銳生，《政務官與良好管治的建立》（香港：香港大學出版社，2007）和 John
　　P. Burns, *Government Capacity and the Hong Kong Civil Service* (Hong Kong:
　　Oxford University Press, 2004)。

找到合適的華人精英充當管治夥伴。然而，將個別華人領袖正式納入殖民管治架構中還需要十年左右的實驗和觀察。1880年出現第一位成為立法局議員的華人是伍才，委任他的原因是為了貫徹當時的香港總督軒尼詩（John Pope Hennessy）的安撫華人的政策。大體上，這個籠絡或吸納華人精英的過程並不順暢，有時頗為笨拙，原因是殖民政府依靠華人精英源於現實管治需要，但對他們卻不存信任和尊重。事實上，缺乏華人精英的協助，殖民政府要有效治理為數眾多但又不停流動的華人居民委實不易。

十九世紀中葉爆發的嚴重和持久的太平天國起義，大大加劇了內地的戰亂、貧困和天災。中國政治和經濟危機深重。老百姓流離失所，顛沛困頓。大批富裕階層人士、社會賢達和普通老百姓紛紛移居香港。華人社會中逐漸從下而上湧現出一批有錢、有勢、在華人眼中有名望的華人領袖。這些人主要是殷實商人，而他們也是儒家思想的傾慕者。他們發家致富之後，通過慈善公益事業、為他人排難解紛、聯繫宗親鄉誼、宗教禮拜等活動，在華人中嶄露頭角，既取得華人社會的領導地位，復又得到內地政府的尊重和殖民政府的承認。這些頗具威望又有一定群眾基礎的華人領袖的崛起，讓殖民政府得以籠絡他們和他們的組織為其管治上的"小夥伴"，承擔作為殖民政府和華人社群間的中間人的任務。在 1860 和 1870 年代，殖民政府與華商精英間的政治聯盟陸續締建。1870 年東華醫院的出現，標誌着華商的政治地位的正式確立。殖民政府承認和倚重華人的社會組織之同時，仍然高度依賴警察和其他治安力量來對付勞動群眾。殖民者與華商間的共同階級利益凌駕於華商和華人群眾間的共同種族利益。殖民政府對華人精英和一般民眾給予不同的待遇。這種區別對待的管治手腕在華人精英和華人民眾之間逐漸形成裂痕並明顯體現在階級矛盾上。

　　隨着華人在經濟上的重要性和影響力不斷提高，華人社會中的社會等級秩序也逐步成型並不斷發展。英國人一方面承認該等級秩序，另一方面則以政治力量予以進一步塑造，賦予高等級的華人若干程度的政治權利和影響力，使其更為正規化及與殖民政權更有機地連接起來，從而將"高等華人"逐漸納入正式的管治架構當中。這樣做的理由其實反映了英國人對華人社會領袖的懷疑和擔憂，深恐那些政治效忠難以確定的人會擁有獨立和強大的群眾基礎和政治力量。[34] 當然，殖民政府也巧妙地運用其政治權力與威望刻意扶植一些原來在社會上不為人知的華人，讓他們成為華人社會的領袖。值得注意的是，殖民政府的意圖並非是要強加一些缺乏威信的人予華人社會，反而是揀選那些在華人社會中已經有一定名望的人才加以培植和提拔。英國人的目標是讓他們擁有的政治權力與"高等華人"的社會地位融合起來，互相輝映。如此一來，在那些"高等華人"的襄助下，殖民政府獲得被殖民者更多的支持和信任，而殖民政府的"認受性"和管治能力也隨之而提升。在這種政治

---

[34]　殖民政府通過法律對一些影響力巨大的華人組織（東華醫院、保良局）進行"規範化"並加強監督，並進一步讓它們在財政上越來越依賴政府撥款，其自主性自然亦拾級而下。香港早期的由華人組成的地方保安力量最後被納入團防局體制內也是一個明顯的例子。見 Elizabeth Sinn, *Power and Charity: A Chinese Merchant Elite in Colonial Hong Kong* (Hong Kong: Hong Kong University Press, 2003)。

和社會格局下，殖民政府與華人社會中的較高階層的利益趨於
一致，彼此都有需要有效地駕馭和控制華人社會中的低下與勞
工階層，即便他們相互間的猜疑和誤解揮之不去。[35] 事實上，
香港歷史上不少的罷工和鬥爭事件都是通過殖民政府和華人精
英的"精誠"合作才得以平服或壓制的。[36]

　　隨着社會的變遷和政治形勢的發展，在懷柔管治的策略
下，殖民政府所倚重的華人精英也出現變化。據陳偉群的研
究，香港在十九世紀末已經出現了一個華人領袖間的等級結
構。在法定和正式的架構中，華人領袖的等級地位按照他們在
殖民管治架構中所獲得的任命而排列。這個排列自高至低為：
1. 立法局的非官守議員、2. 太平紳士、3. 團防局成員、4. 東華
醫院和保良局的管理委員會成員、5. 東華醫院的董事、6. 保良
局的董事、7. 其他慈善機構、行會和街坊組織的負責人。[37] 這
些人當中很多是積極從事公益、慈善和宗教活動的殷實商人。
他們深受傳統中國文化薰陶，且往往以"儒商"自詡。此外，
一些在歐洲人與華人做買賣時充當"中間人"的買辦（compra-
dor）也逐漸嶄露頭角，成為華人社會的翹楚。

35　Leo F. Goodstadt, *Uneasy Partners: The Conflict Between Public Interest and Private Profit in Hong Kong* (Hong Kong: Hong Kong University Press, 2009)，pp. 9-10。

36　這從華人精英與殖民者在 1884、1922 和 1925 的罷工事件中採取共同立場上可見一斑。

37　W.K. Chan, *The Making of Hong Kong Society: Three Studies of Class Formation in Early Hong Kong* (Oxford: Clarendon Press, 1991), pp. 113-114。

吸納華人精英

當殖民政府在香港推廣西方教育後，加上愈來愈多華人有條件放洋留學，香港湧現了大量的接受了西方價值觀和生活方式、具有在現代商業和公共機構工作經驗或擁有高級專業資歷（比如律師、醫生、會計師、大學教授）的華人精英。這些人在二次大戰後愈來愈受到殖民政府的青睞。可以這樣說，在回歸前夕，殖民管治的華人“同路人”以深受西方薰陶的商人、行政管理人員和專業人士為主。當然，為了應對 1966 年和 1967 年的騷亂所揭示的社會內部矛盾和階級衝突，殖民政府也開始爭取若干能夠反映普羅大眾的訴求、利益和不滿的人進入管治架構之中。

隨着籠絡或吸納華人精英的規模的不斷擴大和手法的日趨嫻熟，一整套搜尋、物色、鑒別、提拔、培訓和晉升華人政治“同路人”的系統也一步一步建立起來，而且廣為有政治野心的華人所熟悉。即便殖民政府不容許華人擁有實質權力，但一旦得到英國人的賞識，華人精英也可以取得一定的政治影響力。更重要的是，他們因此在社會上和家族與朋輩間所享有的地位和榮譽。殖民者的恩寵對商人而言價值不菲，因為它反映商業信用和政治關係的深厚。這套籠絡華人精英的系統主要由兩部分組成。較為重要的是諮詢架構。為數眾多的諮詢委員會與機構有着不同層級的重要性和政治地位，而其成員的委任權掌握在殖民政府的手裏。殖民政府將其有意籠絡的華人精英按照其資歷委任進那些諮詢組織之中，並依據他們的表現（特別是他們對殖民政府的忠誠度）讓他們拾級而上，最後進入立法局和行政局。殖民政府的計劃，是要在華人精英中樹立一個英國人認可的領導等級制度（leadership hierarchy），讓較高級的華人精英對較低級的華人精英進行領導和監控，確保他們能夠團結一致，紀律嚴明，並且死心塌地為殖民政府效忠和服務。另外一套籠絡手段是頗為完備的勳銜制度，主要的勳銜由英國君主代表大英帝國授予，而不同的勳銜又代表不同的榮譽和地位。殖民政府懷柔策略聰明之處，在於其勳銜制度的嚴謹性。英國人不會隨便向華人精英頒授勳銜，除非他們的確有功於殖民管治，同時他們在華人社會中確實受到一定程度的尊重。如此一來，政治權力的承認與社會人士的認同便糾結在一起。英國人十分明白，要提升殖民管治的"認受性"，殖民政府所依靠的華人精英必須是那些老百姓願意認可的人。一般來說，老百姓摒棄的人也是殖民政府不會認可的人。

在這裏我必須明確指出，殖民政府培植華人精英"同路人"的目的，絕對不是要在其眼皮下產生一股獨立於英國人而又強大、團結和具有群眾基礎的華人政治勢力，尤其是一個其力量足以與殖民政府抗衡的政治權力中心。假如真的出現這個情況，不但殖民管治會受到嚴峻考驗，中國政府對英國人的意圖亦會產生懷疑，而更為麻煩的是一系列意想不到的政治事件和現象可能會接踵而來，從而令香港的政治前景蒙上陰影。所以，殖民政府不但不會鼓勵被籠絡的華人精英正式地組織起來，甚至會想辦法使他們難以扭成一塊。英國人希望看到的情況是每一個華人精英分子都縱向地依附於殖民政府，接受它的領導和指揮，而不是橫向地相互聯繫起來。英國人要確保所有政治的"恩典"和酬庸都只能來自殖民政府。所謂"最高等"的華人精英比如行政局首席非官守議員，對其他華人精英基本上沒有獨立的賞罰權力，因此難以利用那些權力來培植自己的"幫派"。歸根究底，"最高等"的華人精英在英國人的眼中只不過是"最忠心"和"最資深"的被籠絡者或政治工具而已。

受到殖民政府垂青的華人精英自然以商界和依附於商界的專業精英為主，原因是英國人相信他們的實質利益與自己的大體上一致，而且他們所擁有的巨大利益會讓他們成為忠實的殖民管治的擁護者和捍衛者。在實際政治操作中，英國人與那些華人精英巧妙地結成一個"非神聖同盟"。簡單地說，殖民政府承諾為華人精英營造一個有利於他們發家致富和光宗耀祖的良好環境，而華人精英則心領神會地不會因為其巨大財富而萌生政治野心或覬覦政治權力。在這個情況下，某種金錢和權力的結合便油然而生，為有效的殖民管治和香港的繁榮穩定提供穩固的基礎。

當香港前途問題在上世紀七零年代末開始出現時，殖民政府與華人社會的上層精英已經結成為管治盟友，在政治利益和階級利益上有極大的共同性和連結性。更重要的是他們的共同的反共意識和抗拒香港回歸中國的情意結。應該說，殖民政府的懷柔管治已經達到"最高境界"。英國人一方面能夠在壟斷政治權力下爭取到華人精英成為其政治上的"小夥伴"，並藉助他們對"殖民地"人民進行有效管治。在直接管治的前提下，讓華人精英發揮某種程度和形式的"間接"管治的職能。

不過，英國人始終對華人精英保持警惕、懷疑和戒懼心態，儘量減少與他們在工作和合作以外的接觸，對其對英國人的忠誠不寄厚望。[38] 另一方面，華人精英既擁有政治特權、社會地位，而其自身利益又得到充分照顧。他們與殖民政府共同對一般老百姓進行社會和政治控制，防止香港出現挑戰殖民管治的政治行動或動盪。雖然在種族上有矛盾，但華人精英與殖民管治者卻有着共同的階級利益，因此可以説在某種意義上華人精英與殖民管治者結為政治和經濟的"利益共同體"。在政治層面華人精英作為缺乏獨立權力基礎的政治附庸其實比英國人更保守。儘管華人精英的地位來自他們在華人社群中的地位，但他們的政治地位卻來自英國人的授予，他們因此與英國人一樣蔑視和害怕下層群眾。自然地，任何來自華人社會的對殖民管治的威脅，也會被視為對華人精英的政治威脅。

華洋界線及意識形態建設

當然，香港經濟的持續發展、民眾生活水平的提高、個人發展機會的充裕、華人社會自我解決問題的能力、殖民政府的"輕巧"治理策略、公共行政的廉潔與效率、香港人對中國政府的抗拒和擔憂等等對為殖民政府的懷柔管治提供良好的條件

38　在二次大戰期間，日本曾侵佔香港。在日本統治香港期間，不少過去是殖民政府"同路人"的華人精英轉而與日本人合作而成為英國人眼中的"通敵者"（collaborators）。英國人"光復"香港後，沒有和那些華人精英"算帳"或報復，因為殖民政府覺得仍然需要他們的支援。然而，華人精英的"往績"很難令英國人對華人精英推心置腹。

和背景。

　　必須承認，與實施懷柔管治之同時，種族不平等的情況仍然若隱若顯地存在。在大部分的香港"殖民地"歷史中，社會上"種族隔離"的情況雖然持續減少，但不會完全消失。工作、居住、學校、醫院、休閒等機構和設施都呈現某程度種族分隔的情況。種族間在法律和審判上的不平等頗為突出。[39] 就算在華人社群中，較高社會階層的華人（經常被謔稱為"高等華人"）受到殖民政府較好的待遇，但華洋界線仍然森嚴。"殖民地"的英國官員如果與華人通婚，其仕途必受影響。"高等華人"要打進英國人的社交圈子中絕不容易。就連那些自命高度"洋化"的華人也或明或暗地感受到英國人的種族傲慢和歧視。當然這些情況隨着時間的推移有所淡化和改善，但種族矛盾和分野卻從來沒有消除，也不可能消除。

　　除了懷柔管治策略外，英國人在有意和無意之間進行了與鞏固殖民管治有關的政治主張或意識形態的"建設"工作。誠然，和法國或西班牙的殖民政策不一樣，英國人認為英國文化至為優越，難以為其他民族所完全吸收，頂多在某些方面和表面上加以仿效，所以沒有一套"同化"（assimilate）殖民地人民的計劃。相反，在不少的英國殖民地中，當地的傳統文化、宗教、習慣和風俗得到一定的尊重和保留，除非它們嚴重抵觸

39　外國人聚居的地方不容許華人入住（山頂和長洲分別於 1904 和 1919 被劃為只容許歐洲人居住的地方）。外國人與華人有不同的學校。權利、法律和司法上的不公平。華人罪犯易受酷刑對待。

英國人的道德觀念。[40] 這樣做的一個好處是殖民者不會因為與被殖民者發生文化衝突而增加管治的困難。在香港，情況也差不多。一般來說，英國人容許香港的華人社會保存自己的習俗和傳統，但有時也會致力廢除一些比如"妹仔"的陋習。部分殖民地官員甚至"入鄉隨俗"，到華人廟宇參拜、喜愛中式美饌或選擇以中藥治病。然而，為了強化殖民管治的"認受性"、爭取華人精英和群眾對殖民政府的歸順和鼓勵內地華人來歸，殖民政府其實也在政治思想建設方面做了不少工作以提升殖民者在意識形態上的主導或支配地位。

雖然沒有證據說英國人在這方面有一個系統的政治計劃或工程，但幾方面的措施卻的確屬於"思想工作"的範疇。比如說，突出英語在就業上的重要性、在學校內宣揚西方文化的優越性、貶低中文的價值、削弱中國歷史的傳授、容許媒體和部分政治勢力對中國政府進行批判和詆諛、減少公職人員與中國的接觸、重用深受西方思想薰陶的華人精英、壓抑親中國政府的團體和人士等。不過，對我來說尤其重要和成功的，是"殖民地"時期出現的一些"口號"和詞語在殖民管治中的巨大政治作用。"諮詢民主"、"香港乃民主櫥窗"、"繁榮"、"穩定"、"法治"、"人權"、"自由"、"公平競爭"、"平等機會"、"放任主義"、"積極不干預"等名詞、口號甚至"符咒"（mantra）的提出並深入人心實際上大大"美化"了殖民管治，讓香港華

40　人類學尤其是社會人類學之所以在英國特別發達，原因是英國學者可以在大量的英屬殖民地中從事對當地"土著"的近距離觀察和研究。他們對那些非西方的事物相當好奇，也"珍而重之"。事實上，英國的人類學者對保存當地的文化和風俗頗有貢獻。

人覺得香港是一個現代化和"民主"的社會，殖民政府在建構
香港的"主導思想"方面肯定"居功至偉"。毫無疑問，這些零
碎的"思想"與殖民政府的懷柔管治相互配合，也互相強化，
發揮了很大的鞏固殖民管治的效果。

　　總的來說，在香港前途問題在 1970 年代末出現的時候，
香港殖民政府的懷柔管治策略和體系已經相當完備、牢固和成
功。殖民政府在香港人心中的政治"認受性"相當高。殖民政
府所建立的制度體系、施政路向和公共政策被視為香港的繁榮
和穩定的基石。儘管香港存在不少社會矛盾和階級摩擦，但殖
民管治已經被普遍接受。一般人甚至認為殖民管治會繼續不
斷，"千秋萬代"。這種安於現狀的心態窒礙了任何要求改變現
狀的呼聲和行動。

　　香港獨特的殖民管治背景對香港日後所走的民主發展道路
影響極大。政治學者經常提到"路徑依賴"（path dependence）
概念，即是說過去發生的現象會制約往後事態的發展。換言
之，前一階段的發展規範了後一階段的發展，因為政治發展不
是從一張白紙出發，而必須建築在原有的條件和因素之上。所
以，香港獨特的"殖民地"經歷在幾個方面影響到香港的民主
發展。首先，既然香港的繁榮、穩定、自由、人權、廉政、善
治、平等機會等"好東西"都來自威權型的殖民管治，則民主
改革便不重要；不但不重要，人們甚至會憂慮民主化會否給那
些"好東西"帶來負面作用。第二，既然絕大部分人在殖民管
治下都或多或少獲得了實質利益，變成了"殖民地"中的既得
利益者。除非有強大的理由，則變更現狀便不是選項。第三，

在對"殖民地"的現狀滿意的情況下，香港難以孕育反對力量和反對派的領袖。民主運動縱有也規模有限。第四，在懷柔管治下，香港出現了一個勢力龐大的華人精英階層。他們是香港繁榮穩定的中流砥柱，是維護原來的權力和利益分配格局的保守力量。無論是英國政府或是中國政府都不能不重視和照顧他們的利益。民主發展既然會引發群眾力量的抬頭，華人精英自然對民主改革持保留或反對態度。這個植根於香港的龐大利益階層的存在，他們長期依靠當權者保護和照顧的情況和他們對低下階層的恐懼是香港民主發展的巨大阻力。這幾方面的看法在以後的討論中會有進一步的闡述。

第二章 "沒有獨立的非殖化"

　　英國侵佔香港的目的與她侵佔絕大部分其他殖民地的目的截然不同，主要從商業和經濟利益出發，而並非為了安置來自英國的移民、覬覦當地的自然資源、建立軍事據點、奴役當地的人口或出於與其他西方帝國主義國家爭奪土地和資源的需要。英國人清楚知道，香港之所以成為英國的"殖民地"，純粹是因為中國羸弱不振。他們也明白，深受"大一統"思想薰陶的中國人不會接受香港從中國分裂出去，因此香港不可能成為獨立國家。沒有中國的准許，香港即使獨立也缺乏生存的條件，甚至會出現經濟和社會崩潰的局面。所以，香港只有兩條出路：繼續當英國的"殖民地"或歸還中國。既然英國從來都反對將一個由英國人一手創造出來的繁盛的商埠交還中國，而且不相信中國有能力取回香港，則英國視香港為其"永久的殖民地"的心態便非常自然。[41]

　　既然英國視香港為其"永久"的"殖民地",則殖民政府便不會容忍任何政治力量挑戰其對權力的壟斷。懷柔管治的目的就是避免香港出現與殖民政府對抗的政治勢力,同時防止香港的華人精英和民眾受到內地政府、政治勢力和政治事件的教唆、挑撥或感染而衝擊殖民管治。英國人在這些方面頗為成功。事實上,香港的華人精英和民眾一直以來視香港為"避秦"的避難所和"發家致富"的熱土。每當他們意識到中國政府有意收回香港時,大部分人都會站在英國人那方。二次大戰期間和其後國民黨蔣介石政府收回香港的努力沒有得到香港華人精英的響應,而中國共產黨領導的中華人民共和國在收回香港的過程中同樣遇到香港華人精英和民眾的抗拒。

捍衛殖民政府的政治權力

　　在懷柔管治的大纛下,為了捍維殖民政府的政治權力,英國人對各種威脅殖民政府的力量採取了警惕、戒懼和高壓的態

---

[41]　不少人覺得香港是"借來的地方和借來的時間"(borrowed place, borrowed time),認為香港始終要回到中國的懷抱。見 Richard Hughes, *Borrowed Place, Borrowed Time: Hong Kong and Its Many Faces* (London: Andre Deutsch, 1976)。我的看法卻有所不同。英國人基本上沒有香港必須在 1997 年交還中國的假設。的確不時有人認為當時只是租借新界九十九年而不是要求滿清政府永久割讓新界為一大錯誤或憾事,但這個"錯誤"其實在十九世紀末年西方列強和日本爾虞我詐、彼此都不願意看到中國被永久"瓜分"的情況下"必須"發生。當時英國就算要逼迫滿清政府永久割讓新界恐怕也會遭到其他國家的阻撓。當然,不時有人提出要求英國趁中國國危勢弱之際永久霸佔新界,但始終因時機不合適而沒有成事,然而,不少英國人始終相信中國政府會願意在 1997 年後延續英國對香港的管治,他們要遲至上世紀七零年代才明白到中國政府不惜代價、堅定收回香港的決心。

度和辦法。英國的情報機關和"殖民地"警察（特別是其政治部）在監視、削弱、反制和鎮壓反對力量上擔當重要的角色。香港的左派力量尤其是重點打擊對象。就算那些目的只是爭取自身利益的壓力團體和社會運動也被殖民政府視為政治威脅。那些主要成員由西方化了的知識份子和專業人士組成，認同了"殖民地"的"合法性"和支援殖民政府，但只是希望能有多些參與殖民管治機會的團體（例如香港觀察社）亦被英國人投以懷疑的眼光。不過必須承認，即便殖民政府不願意改變其對政治權力的壟斷和控制，但它的懷柔政策卻賦予香港民眾不少的參與公共事務的空間和自由，當然前提是殖民政府的管治權威不受挑戰。香港人通過各式各樣的政治行動比如發表意見、輿論壓力、請願、集體抗爭、集會結社等向當權者施加影響。殖民政府為了安撫民眾和紓緩矛盾也會儘量微調政治制度、擴大政治拉攏範圍、調整施政作風和改變政策以維繫香港人對它的信任和好感。

　　英國人深知與中國政府維持適當與良好的關係對其在香港的管治的重要性。他們不希望因為與中國政府交惡而引發內地作出有損香港利益的事，更不願意看到中國政府或內地的政治勢力在香港挑動香港人的反殖情緒。在大部分時間，殖民政府希望在中國國內的政治鬥爭中置身事外，只有在香港"殖民地"歷史初期才會有個別香港總督為了香港的利益而試圖介入華南的政治爭鬥。[42] 雖然內地的不同政治勢力經常利用香港為

42　例如在 1925 年的省港大罷工期間香港殖民政府曾與廣東的左翼革命政府發生衝突。見蔡榮芳，《香港人之香港史 1841-1945》（Hong Kong：Oxford University Press, 2001），第 147-149 頁。

基地籌募經費、招攬支持者和發動對中國政府的攻擊，但殖民政府會對此儘量加以管束。此外，殖民政府也竭力防止香港出現觸怒中國政府或損害與內地關係的事情，因此對台灣在香港的勢力和香港內部的反共力量也施加防範和控制。

在正式的政治體制發展方面，英國人的態度甚為保守。在二次大戰之前，香港的政治體制的改革可以說是絕無僅有。原來的總督主導的政制架構原封不動，即便在政治和管治方式上有所調整。調整的方向有三。其一是殖民政府雖然在“憲法”下掌控獨裁的權力，但在權力運用上卻越來與小心謹慎，基本原則是“權力可以不用則不用”，避免讓香港人、中國政府和國際社會對香港的殖民管治產生負面的印象。當然，隨着香港人的財富、收入、組織能力、接收到的資訊和教育水平不斷提高，要運用高壓手段也越來越不可能。其二是華人精英越來越得到殖民政府的倚重。華人公務員在政府高層的比例和重要性日益增加，儘管他們難以染指最高層的職位。越來越多的華人幹才被委任進不同層級的諮詢組織，包括立法局和行政局。其三是成立一些有選舉成分的機構比如市政局讓香港人在民生和市政政策的制定上有更多的參與機會。其四是廣泛和大量成立各種各樣的諮詢組織以吸納社會各方面的意見和建議。

英國人在正式的政治體制層面之所以持保守態度的原因其實很簡單。首先，英國人認定香港不可能走向獨立而只能接受英國或中國的統治。同時，作為英國的皇家殖民地，“殖民地”政府確信它才最有資格和能力照顧香港各方面利益。所以，任何削弱殖民政府的管治地位和權力的政制改革都不可行。殖民政府堅決抗拒來自英國居民和華人精英的"分享"權力的要求。第二，大部分香港的華人不是香港的永久居民，對香港沒有歸屬感和責任感。向暫居者賦予政治權利的政治意義和實質作用都不大。第三，中國歷史上華人缺乏自治的經驗，不宜輕率在香港引入民主"實驗"。第四，殖民政府也沒有遇到來自香港內部和外部的、不可抗拒的政制改革壓力。華人社會在懷柔管治下基本上安於現狀，華人精英在政治籠絡和酬庸的利誘下沒有挑戰殖民政府的誘因。相反，他們既然與英國人有着共同的階級和政治利益，反而害怕政制改革所引發的群眾力量對他們利益的威脅。一般群眾覺得在殖民管治下獲得良好的保護，所以也沒有強烈的民主訴求。在二次大戰之前，帝國主義和殖民主義還沒有受到國際上的巨大責難和挑戰，而當時大英帝國的威望和國力仍然強盛，有能力抵禦任何改變"殖民地"現狀的壓力。第五是殖民政府擔憂任何政制改革會讓中國大陸的不同政治勢力介入香港政治和香港內部湧現反對殖民統治的力量，這些情況的出現肯定會對殖民管治帶來麻煩，而且絕對不利於香港的穩定和繁榮。

"失敗"的楊慕琦計劃

二次大戰結束後，香港殖民管治面對的局面出現重大變故。日本迅速和徹底地打敗英國並攫取了香港、馬來亞和星加坡，並且刻意地在殖民地人民面前奴役和凌辱英國俘虜，對大英帝國以至白種人在亞洲的聲譽和威望造成無可挽回的打擊。

英國在大戰期間處心積慮要在戰後從日本人手上奪回香港，在部署"光復"後在香港的管治方式時，不得不認真思考如何在香港華人心目中重建英國人的威信，從而維持有效管治。當時英國政府確信要完全恢復戰前的管治模式是不可能的，因此已經琢磨向華人"讓權"的幅度和速度，同時考慮各種在香港實行的改善福利和民生的措施。英國政府這個想法與部分被日本人關進戰俘營的"殖民地"官員的觀點相近，其中一人就是剛到香港履新便淪為戰俘，後來成為戰後第一位香港總督的楊慕琦（Mark A. Young）。

楊慕琦的立場是，只有推行民主改革才能在香港的華人社會收拾人心，讓他們誠心誠意繼續當"殖民地"人民。考慮到中國國民黨和蔣介石領導的中國政府雖然處於水深火熱之中，但收回香港之心不死。為了防止香港人受到中國政府的號召而爭取脫離英國的管治，讓他們在殖民管治下仍然享有某種自治權力便是不得不為之舉。楊慕琦提出的政治體制改革藍圖其實很簡單，不外乎在保存"殖民地"的憲制架構之同時設立一個民選的市政議會（Municipal Council）來接管大部分的市政、福利和民政工作，而其權力和職能更會在日後不斷增加。楊慕琦於 1946 年 5 月提出的改革計劃的目標，乃是讓香港所有的居民（不限於英籍人士）在管理香港的事務上有全面和更大的權力和責任。然而，楊慕琦的計劃最終並沒有成為事實。他擔任港督一年後便被葛量洪（Alexander Grantham）所取代，而後者對政制改革的態度消極和抗拒。結果是，葛量洪採取拖延手法，最後宣佈放棄楊慕琦計劃。[43] 楊慕琦計劃"泡湯"後，直到香港前途問題出現前，英國人再也沒有提出重大的政治體制改革方案。

　　楊慕琦計劃的"失敗"反映了幾個現象。首先，英國人搞民主改革其實是為勢所逼，實際上決心和誠意都不足，而且內部意見不統一。一旦發現無須"讓權"但仍能維持殖民管治時，其改革熱誠便急速下降。換句話說，既然香港不會回歸中國，又不會走上獨立之路，則保存殖民政府對政治權力的壟斷便是應有之義。第二，英國人在日本人面前受辱並沒有衍生出香港人要求脫離殖民管治或回歸中國的呼聲。就算殖民政府的威信不比從前，但大部分香港華人依然希望繼續在英國人的管治下生活。積弱腐敗的國民黨政府對香港人的民族主義號召並不奏效。殖民管治比自己國家政府的管治更受香港人的歡迎，香港的政治體制是否走向"民主化"完全不重要。第三，香港的華人精英一方面抗拒香港回歸中國，另一方面則希望繼續保持和鞏固其在"殖民地"的優越地位和特殊權利。他們擔憂民主改革會削弱他們的地位和權利。他們更憂慮民主改革會在香港引入國共內戰、破壞香港的穩定、觸發香港回歸中國的訴

43　葛量洪認為維持與中國的良好關係十分重要。香港與其他殖民地不同，它只能是英國的殖民地，或是被吸納進中國並成為廣東省的一部分。香港的華人政治冷漠（politically apathetic），只要政府能夠維持治安和秩序，輕徭薄賦，而且他們可以從法院中得到公道，他們便願意將管治的工作交給專業官僚和那些熱心公益的少數社會人士。如果香港擁有一個民主產生的立法機關的話，則中國的政治便會經常成為香港的問題，那會對香港造成困擾。葛量洪相信香港的政制改革問題也不會引起英國選民的興趣，搞得不好的話反而會損害與中國的關係。見 Alexander Grantham, *Via Ports: From Hong Kong to Hong Kong* (Hong Kong: Hong Kong University Press, 1965), pp. 111-112。

求、衝擊殖民政府的管治能力和導致香港人分化對立。老百姓
對政制改革的冷漠和華人精英的極力反對,加上英國人的猶
豫、顧慮和偽善,香港戰後初期的政改計劃便"壽終正寢"。[44]
另外一個説法是英國人為了不要觸怒剛成立的中華人民共和國
政府才放棄楊慕琦計劃的,當然我們難以找到證據核實此説法
的真偽。[45]

中英政府間的默契

　　1949年中國共產黨締建的中華人民共和國成立後,從中
西方關係和國家利益的大局考慮,中國政府決定暫時不收回香

44　G.B. Endacott, *Government and People in Hong Kong 1841-1962: A Constitu-tional History* (Hong Kong: Hong Kong University Press, 1964); Norman Miners, "Plans for Constitutional Reform in Hong Kong 1946-1952," *China Quarterly*, Vol. 107, Isse 9 (1986), pp. 463-482; Steve Tsang, *Democracy Shelved: Great Britain, China, and Attempts at Constitutional Reform in Hong Kong, 1945-1952* (Hong Kong: Oxford University Press, 1988); Gavin Ure, *Governors, Politics and the Colonial Office: Public Policy in Hong Kong, 1918-58* (Hong Kong: Hong Kong University Press, 2012), pp. 111-134。

45　見齊鵬飛,"新中國成立後中共'暫時不動香港'",《黨史博采》,2007年7月,第4-8頁。他認為"英國從'現實主義'或曰'機會主義'的外交立場而非意識形態出發,成為西方資本主義世界中第一個與中國共產黨的新政權發生'事實上的政治與經濟關係'並正式承認新中國的資本主義大國。在這個過程中,英國為了避免'刺激中國',還主動擱置了已經設計完成的讓香港逐步走向'地方自治'的所謂'楊慕琦計劃。'""'如果香港走向獨立式的自治,反而會刺激中國,提早收回。'""英國人搞外交富有現實主義精神,也頗為老練圓滑。……如果英國欲得到中國許諾,香港暫時地位不變,楊慕琦計劃反而變成絆腳石,英國的策略是通過外交渠道行事,而不是兵戎相見。1949年10月,英國下議院宣佈楊慕琦計劃壽終正寢。'""這樣,中英兩國'靈活'地處理香港問題的合作契機就凸顯出來了。"(第7頁)

港。[46] 不過,雖然英國是第一個承認新中國的西方國家,但在建國後頭幾年,中國政府對殖民政府的態度談不上友善,而殖民政府則對中國政府保持警惕和戒懼姿態。[47] 英國人擔心中國政府唆使和組織香港的左派勢力為殖民管治製造麻煩。事實上,戰後初期出現的部分罷工和工潮都有着中國政府的影子。在這種緊張環境下,殖民政府本能性收緊對香港的管治,防範任何動搖殖民政府管治威信的事態的發生。不單政制改革無從說起,殖民管治反而轉趨專橫。

經過一段時間的磨合,中英政府就香港的管治問題形成了一些"默契"(tacit understanding)。中國政府不承認過去滿清政府與英國簽署的不平等條約,強調中國政府擁有香港的主權並會在適當時間恢復在香港行使主權。同時,中國政府制定了對香港"長期打算、充分利用"的方針,以便在東西方冷戰、中蘇關係存在不確定性、中國受到西方國家及其盟友孤立的艱難複雜環境下仍能保持一定程度的外交和經濟的主動性。不過,

---

46 見劉兆佳,《回歸後的香港政治》(香港:商務印書館,2013),第 2-3 頁及第 77-84 頁。中國政府從來沒有正式透露不收回香港的理由。前國務院港澳事務辦公室副主任李後的解說算是比較全面。他說:"從五十年代中期起,毛澤東、周恩來等國家領導人在會見英國和香港人士時,以及在同有關人員內部談話中,在闡明中國對香港問題的基本立場之後都表示,中國在相當長的時間內不會收回香港。中國領導人之所以決定在相當長的時間內不收回香港,是基於以下考慮:一、在當時兩大陣營尖銳對立的國際形勢下,香港問題不可能通過和平方式解決。要收回香港就得訴諸武力。英國人知道,只憑自己的力量不足以對付中國,它必然會拉美國來共同防衛香港。這當然不是中國所希望的。在中國政府及其領導人看來,與其讓英國拉美國來防衛香港,倒不如把香港留在英國手上。 二、新中國成立不久,與許多國家尚未建交。以美國為首的西方國家還在對中國進行經濟封鎖。在這種情況下,維持香港現狀,可以作為中國通向外部世界的孔道,使中國得到通過其他途徑得不到的東西。"見李後,《回歸的歷程》(香港:三聯書店,1997),第 47 頁。

47 見江關生,《中共在香港》(下卷)(1949-2012)(香港:天地圖書,2012),第 25-126 頁。

中國政府容許英國人繼續佔領和管治香港是附有若干條件的，
最重要的兩項是香港不能對中國大陸造成政治和安全的威脅，
以及香港不能走向獨立。這些條件被英方"欣然"接納，因此
成為中英雙方在香港問題上得以長期"融洽"相處之道（modus
vivendi）。一直到 1980 年代初香港前途問題浮現之前，中英在
香港問題上的良好關係就是建築在這個基礎之上。[48] 事實上，

48　當然這個默契並無明文規定，迄今我們還看不到中英雙方在香港管治問題上曾經達
　　成任何協定。然而，內地官員和學者對於中國政府對英方的要求卻偶有陳述。（一）
　　葉張瑜，"中共第一代中央領導集體解決香港問題戰略決策的歷史考察"，《當代中國
　　史研究》，第 14 卷，第 3 期（2007 年 5 月），第 46-52 頁。葉張瑜認為，"中共第一
　　代中央領導集體在採取'暫時維持現狀'、'長期打算，充分利用'戰略決策的同時，
　　也保持着相當的警惕以免香港成為國外敵對勢力的反華基地。"（第 51 頁）。（二）
　　龔連娣、張步忠，"周恩來在處理香港問題上的創見與鄧小平'一國兩制'思想的形
　　成"，《毛澤東思想研究》，1998 年增刊，第 113-117 頁。兩位作者的看法是，暫時
　　維持香港的現狀不是無原則和無條件的，而是恰恰相反，"實際上周恩來為英國政府
　　在香港的行動劃定了'準則'，即香港不得成為顛覆新中國的基地。""例如英國不應
　　促進香港走向民主或自治，外國勢力不能把香港用作軍事基地，國民黨的破壞應予
　　阻止，中國官員的安全應受到保護及中國的經濟利益不應受到阻礙等等。"（三）余
　　科傑、楊親華，"三代領導人情系香港 —— 中國共產黨香港問題戰略決策的回顧與
　　展望"，《當代中國史研究》，第四期，1997 年，第 18-30 頁。兩位作者覺得，"1957
　　年，毛澤東從調動一切積極因素為社會主義事業服務出發，提出了一系列政策。毛
　　澤東認為，香港不同於大陸，對香港應採取特殊政策。他的這一思想反映在周恩來代
　　表黨中央於 1957 年 4 月 28 日，在上海工商界人士座談會上'關於香港問題'的講
　　話中。周恩來指出：香港是純粹的資本主義市場，不能社會主義化，也不應該社會
　　主義化。對香港的政策同內地是不一樣的，如果照抄，結果一定搞不好。香港要完
　　全按資本主義制度辦事，才能存在和發展，這對我們是有利的。我們要進行社會主
　　義建設，香港可作為我們同國外進行經濟聯繫的基地，可以通過它吸收外資，爭取外
　　匯。香港的企業家是我們的朋友，過去我們同民族資產階級合作過，將來同香港的
　　企業家還是可以合作的，港澳同胞不要擔心前途。這一主張實際上包括了我國對香
　　港政策的三項基本原則：第一，香港不同於大陸，要按資本主義辦事。這一原則確
　　定了我黨關於香港保持資本主義長期不變的方針。第二，香港可以作為我國同國外
　　進行經濟聯繫的基地，通過它吸收外資，爭取外匯。這一原則確定了我黨關於一定
　　要保持香港的國際金融、貿易中心的地位，保持它的繁榮和穩定的方針。第三，我
　　們把香港的企業家當作朋友，要同他們合作，而這一合作是有前途的。這一原則實
　　際上確定了團結包括香港資產階級在內的廣大香港人，實行長期合作的方針。"（第
　　20 頁）。（四）齊鵬飛，"'暫不解放港澳'的台前幕後"，《世紀回望》，第 6 期（上），
　　2008 年，第 8-11 頁。他說，"實際上，早在中國內戰剛剛爆發的 1946 年 12 月，
　　毛澤東就已經非常明確地闡釋過'解決港澳問題可以緩'的戰略思考。……在新中

國成立前夕，中共黨內對於港澳問題最早提出'暫時維持現狀不變'具體建議的是'負責對外貿易和港澳工作'的潘漢年和廖承志。潘漢年向中央建議説：'軍隊不宜進駐香港。理由是：美國執行杜勒斯的封鎖政策，上海、天津、青島等港口城市與國外的貿易往來幾乎斷絕，如再收回香港，則這惟一通向國際社會的貿易渠道將會被封閉。'廖承志向中央建議説：'要武力解決香港，對中國人民解放軍來説，只是一個衝鋒號。……香港是世界最大的自由貿易港口之一，如果香港暫時留在英國人手中，為了英國自己的利益，它也不會放棄大陸這個巨大的市場。這就等於把美國對中國的立體封鎖線撕開一個缺口；我們能從香港進口我國亟需的物資；也可以利用香港作為我們與世界交往的通道，世界各國兄弟黨同志可以從這裏進來，各國的民間友好人士也可以從這裏入境；另外，香港還可以成為我們了解世界各國情況的窗口。'毛澤東、周恩來對於他們的意見非常讚賞。""也不能排除還有對蘇聯一貫的'大國'、'大黨'之'霸權主義'保持必要的警惕和預防措施的深遠考慮。新中國成立之時，嚴峻的國際環境，決定了'中國人民不是倒向帝國主義一邊，就是倒向社會主義一邊，絕無例外。騎牆是不行的，第三條道路是沒有的。'但是，'一邊倒'外交政策的前提是不能'犧牲'新中國的'獨立自主'，對於這一點，以毛澤東為代表的中共第一代領導集體是有高度共識的。""……主要是出於政治而非軍事上的考慮。"周恩來講：'我們對香港的政策是東西方鬥爭全局的戰略部署的一部分。'"（五）余科傑，"新中國對港戰略方針的歷史考察"，《外交學院學報》，第 2 期，1997 年，第 15-21 頁。他説："1949 年 1 月 19 日，中共中央向全黨發出由周恩來起草，毛澤東修改的'關於外交工作的指示'，其中雖然沒有直談到香港問題，但實際上為處理香港問題提出了原則立場和指導方針，指出：'在原則上，帝國主義在華特權必須取消，中華民族的獨立解放必須實現，這種立場是堅定不移的。但是，在執行的步驟上，則應按問題的性質及情況，分別處理。凡問題對於中國人民有利而又可能解決者，應提出解決，其尚不能解決者，則應暫緩解決。凡問題對於中國人民無害或無大害者，即使易於解決，也不必忙於去解決。凡問題尚未研究清楚或解決的時機尚未成熟者，更不可急於去解決。總之，在外交工作方面，我們對原則性與靈活性應掌握得很恰當，方能站穩立場，靈活機動。'""1951年春，周恩來對當時的新華社社長黃作梅等人就香港政策作出指示，指出：'我們對香港的政策是東西方鬥爭全局戰略部署的一部分。不收回香港，維持其資本主義英國佔領不變，是不能用狹隘的領土主權原則來衡量的，來做決定的。我們在全國解放之前已經不去解放香港，從長期的全球戰略上講，不是軟弱，不是妥協，而是一種更積極主動的進攻和鬥爭'，'香港是大英帝國在遠東政治經濟勢力範圍的象徵，在這個範圍裏，英國和美國存在着矛盾和鬥爭。因此，在對華政策上美英也有極大的分歧和矛盾。美國要蠶食英國在遠東的政治經濟勢力範圍，英國要力保大英帝國的餘輝。那麼保住香港、維持對中國的外交關係，就成了英國在遠東的戰略要點。所以，可以這樣説，我們把香港留在英國人手上比收回來好，也比落入美國人的手上好。香港留在英國人的手上，我們反而主動。我們抓住了英國人的一條辮子。我們就拉住了英國，使它不能也不敢對美國的對華政策和遠東戰略部署跟得太緊，靠得太攏。這樣我們就可以擴大和利用英美在遠東問題上對華政策的矛盾。在這種情況下，香港對我們大有好處，大有用處。我們可以最大限度地開展最廣泛的愛國統一戰線工作，團結一切可以團結的人，支援我們的反美鬥爭，支持我們的國內經濟建設。在這種情況下，香港是我們通往東南亞、亞非拉和西方世界的窗口。它將是我們的瞭望台、氣象台和橋頭堡。它將是我們突破以美國為首的西方陣營對我國實行經濟封鎖的前沿陣地。'顯然，周恩來是把香港問題作為新中國外交戰略的重要環節和利用香港為國內建設服務的重要措施來考慮的。""1960 年，中共中央在總結了過去 10 年對港澳工作的歷史經驗的基礎上，明確提出了'長期打算，充分利用'的方針。""保留香港作為'國際通道'，也包含着中國領導人對蘇聯大國沙文主義、霸權主義保持必要警惕和採取預防措施的戰略思考。新中國成立後奉行'一邊倒'的外交政策，其前提是不能犧牲中國的獨立自主。保留香港，是為了向蘇聯表示可以得到別的援助來源，以幫助恢復戰爭蹂躪的中國經濟，以加強同莫斯科討價還價的實力。"

英方在履行這個"默契"上應該説是挺得力的,因為這符合其利益。舉例説,殖民政府致力約束台灣勢力在香港和利用香港騷擾大陸的活動,對實施聯合國制裁中國的措施採取"隻眼開、隻眼閉"的曖昧態度,[49]在香港不推行任何帶有"還政於民"或"香港獨立"色彩的政制改革等。可以説,這個"默契"讓殖民政府"有理由"繼續壟斷政治權力和維持強勢有效管治,並以此鞏固和促進英國人的利益。此外,由於絕大部分的香港人懷抱"恐共"情緒,害怕回歸中國,所以可以説新中國的存在在政治上"補貼"了殖民管治。既然香港人只有繼續接受殖民管治和回歸中國這兩個選項,即便他們對殖民政府有不滿,也只能以忍讓態度接受。由此以觀,中英之間的"默契"是一個"互利共贏"的巧妙安排。

"光榮撤退"

　　二次大戰後世界上出現了一個對殖民主義和殖民管治甚為不利的國際格局。美國本身強烈反對帝國主義和殖民主義,竭力瓦解西方國家的殖民帝國。[50]對於幅員遼闊的大英帝國,美國的政治圖謀更為昭然若揭。美國銳意在戰後建立以美國為中

49　見 Leo F. Goodstadt, *Uneasy Partners: The Conflict Between Public Interest and Private Profit in Hong Kong* (Hong Kong: Hong Kong University Press, 2009), pp. 58-60。

50　不過,隨着東西方"冷戰"的揭幕,美國對"瓦解"歐洲國家的殖民地的政策有所調整。就香港來説,美國覺得保持香港為英國的"殖民地",對其圍堵"共產中國"的戰略有莫大好處。

心的全球自由貿易體系,從而為經濟和金融勢力無與倫比的美國開拓國際市場。因此,美國對英國的殖民主義批判甚力。美國後來雖然因為要應對蘇聯"帝國"的挑戰而對盟友英國的殖民主義採取較為優容的立場,特別在香港問題上,但其意欲瓦解大英帝國並將其殖民地納入美國勢力範圍之心從未止息。蘇聯在戰後不遺餘力向"第三世界"輸出社會主義和反帝國主義,鼓動和支持殖民地人民起來推翻殖民政權和建立獨立國家。當時蘇聯的國力日隆,其社會主義經濟發展模式備受重視,在"第三世界"的影響力無遠弗屆。不少殖民地的獨立運動和反殖鬥爭背後都有蘇聯的影子,部分獨立和反殖運動的領袖甚至奉社會主義和計劃經濟為圭臬。在各種力量的支持下,戰後西方國家的殖民地紛紛要求獨立,反殖浪潮風起雲湧,勢不可擋,部分殖民地比如越南、印尼和阿爾及利亞甚至出現激烈武裝鬥爭的方式。在上世紀五十和六十年代,大部分殖民地都能夠脫離其宗主國而成為獨立國家。

從殖民地到獨立國家的"非殖化"(decolonization)過程沒有統一的形態和模式,端視乎當地的具體歷史背景和現實情況以及宗主國的態度。與其他西方國家相比,英國人撤出殖民地的過程比較暢順,當然倉皇撤退的例子也有(例如巴勒斯坦、印度)。英國人比較務實靈活,不會好像法國、比利時、荷蘭或葡萄牙般不惜代價,堅拒放棄殖民地,最後落得落荒而逃。英國在二次大戰中,與德國浴血奮戰,危如累卵。美國的拔刀相助固然至關重要,但英屬殖民地的參戰對大英帝國的保衛戰也貢獻良多。英國人原來不願意讓殖民地走向獨立,英國首相邱吉爾（Winston Churchill）曾經揚言，他不會當讓大英帝國瓦解的英國首相。不過，當反對殖民主義的工黨上台並審時度勢後，英國決定儘量以和平方式與其殖民地"分手"，藉以促使獨立後的殖民地願意維持與英國的聯繫，例如加入英聯邦（British Commonwealth）體系，從而讓英國得以在那些地方延續影響力和保存經濟和戰略利益。假如時間和情況容許的話，則英國人會在撤退前有意識地在政治上扶植一批曾受英國文化洗禮並傾向與英國友好的殖民地精英。那些精英分子一般比較保守，在社會和經濟領域佔有重要位置。那些精英會組成政黨，通過立法機關的選舉取得大部分的立法機關的議席而成為執政黨，進而組織政府，其黨魁則在獨立後出任該國的首相。幾乎毫無例外，英國人認為要完成"光榮撤退"（exit with glory）的目標，在那些走向獨立的殖民地中設立以立法機關為核心的議會制乃必要元素，而這也是代議政制的真諦。其他元素包括"政治中立"和高效率的公務員隊伍、法治和獨立的司法機關以及英語作為主要語言。[51] 當然，這個"理想化"的"非殖化"過程很難完全兌現。退而求其次，英國人願意接受那些有群眾基礎、曾經領導獨立或反殖運動、帶有民粹或社會主義色彩但對英國沒有明顯敵意的政黨為合作對象，並讓它們

51　英國歷史學者尼爾·費格遜（Niall Ferguson）指出，當英國人統治一個地方時，即使不是直接統治而只是運用軍事和財政手段左右該地政府的行為，他們總希望將自己社會的一些特點在當地傳播。較為重要的特點包括：1. 英語，2. 英國式的土地擁有權制度，3. 蘇格蘭和英格蘭的銀行系統，4. 普通法，5. 基督教新教，6. 群體體育比如欖球、木球和足球，7. 有限職能（limited）或"夜間守護者"（night watchman）的政府，8. 代表議會，9. 自由的理念。見他的 *Empire: The Rise and Demise of the British World Order and the Lessons for Global Power* (London: Basic Books, 2002), p. xxv。

在獨立後執政。英國人最反對的,而且千方百計加以阻撓和打擊的力量是共產黨或其同路人,理由是英國和其盟友美國不願意看到那些獨立後的殖民地紛紛投入蘇聯陣營的懷抱。[52]

平情而論,雖然大部分西方國家的殖民地在獨立後紛紛放棄其"民主"政體而走向不同形式的威權統治,包括個人獨裁、一黨獨大或軍人當政,但與其他西方國家特別是法國、西班牙、葡萄牙、荷蘭和比利時的"非殖化"過程相比,英國的"非殖化"手法較為有利於民主政治的延續,美國、牙買加和印度便是最好的例子。這和英國殖民管治下願意引入選舉、扶育政黨和實行法治有莫大關係。"長期的英國統治容許民主制度的逐步出現和擴充,讓愈來愈多的人能夠參與其中並履行愈來愈重要的職責。"[53] 在一些英國殖民地,不同的政治精英願意接受同一套政治規則的規範,並在其中展開對立性的政治競

---

52 見劉兆佳,"沒有獨立的非殖化"載於劉兆佳,《過渡期香港政治》(香港:廣角鏡出版社,1996),第 40-95 頁。關於"非殖化"的問題,可參考 B.B. Schaffer, "The Concept of Preparation: Some Questions about the Transfer of Systems of Government," *World Politics*, Vol. 18, No. 1 (October 1965), pp. 42-67; Martin Wight, *The Development of the Legislative Council 1606-1945* (London: Faber and Faber, 1946); W.H. Morris-Jones and Georges Fischer (eds.), *Decolonization and After: The British and French Experience* (London; Frank Cass, 1980); Henri Grimal, *Decolonization: The British, French, Dutch and Belgian Empires 1919-1963* (London: Routledge & Kegan Paul, 1978); Rupert Emerson, *From Empire to Nation* (Cambridge, Mass.: Harvard University Press, 1960); Brian Lapping, *End of Empire* (London: Paladin Grafton Books,1985); Miles Kahler, *Decolonization in Britain & France: The Domestic Consequences of International Relations* (Princeton: Princeton University Press, 1984); Niall Ferguson, *The Rise and Demise of the British World Order and the Lessons for Global Power* (London: Basic Books, 2002); 及 P.J. Marshall (ed.), *Cambridge Illustrated History of the British Empire* (Cambridge: Cambridge University Press, 1996)。

53 見 Seymour Martin Lipset and Jason M. Lakin, *The Democratic Century* (Norman: University of Oklahoma Press, 2004), p. 174。

爭。"[54]

　　然而，英國在其他殖民地的"非殖化"部署卻不能在香港
複製。不過，英國人不在香港推行其"慣用"的"非殖化"民
主改革，並不等於說它在其他政治和政制領域無所作為。當帝
國主義和殖民主義在國際社會聲名狼藉，殖民地獨立運動風起
雲湧之際，香港卻沒有獨立的可能，甚至不能搞"還政於民"
的政制改革。在這種惡劣的國際氛圍中繼續香港的殖民管治，
需要爭取國際社會的同情和理解，而且要避免外國勢力介入香
港的事務。為此，殖民政府的懷柔政策需要更加積極，更具創
意，既不能讓中國政府尷尬，又不能惹起外國的責難。因此，
從戰後到"九七問題"出現之前，殖民政府在政制上的新猷雖
然有限，但在其他領域則空間廣闊。在這段時間，在政治體制
的發展上，較為觸目的舉措是：有選舉成分的區議會（1980年
代初）的設置和廉政公署（1974年）的成立。在其他領域的進
展則更為重要，包括建構更開明和包容的施政風格；強化民政
工作，在地區成立政務專員制度作為"上情下達、下情上通"
的政府與民眾的橋樑；擴大和改善諮詢架構，讓更多的華人精
英有"參政"的渠道，也讓政府施政更貼近民意；容許媒體和
社會組織有更大的空間和機會監督和制衡政府；進一步強化法
治建設，增加法治的公平性和普及性；加大對勞工、婦女和兒
童的保障；大力對教育、福利、房屋、醫療衛生和交通運輸設
施的投資，改善民眾的生活素質和水平；加大對基本建設的投

54　見 Myron Weiner and Ergun Ozbunden (eds.) *Competitive Elections in Developing Countries* (Durham,NC: Duke University Press, 1987), p. 20。

入,為經濟發展營造有利條件;完善經濟監管的法律和措施,促進較公平的競爭。部分新猷其實是因應 1966 年和 1967 年的騷亂所揭露的勞工苦況、民生困頓和民怨高漲所作出的對策。所有那些政策和舉措的目的和結果是要建設一個繁榮、穩定、民生富足、民眾安居樂業、階級矛盾受控及官民關係良好的現代化國際都會,一個能夠讓香港人引以為傲的安身立命之地。

港督麥理浩(Murray McLehose)於 1979 年三月率團在北京訪問,並藉此機會試探中國政府對香港前途問題的立場,得到了一個北京將會於 1997 年收回香港的資訊。[55] 當然,麥理浩並沒有向外界透露這個震撼性的消息,以免引發香港政局和金融動盪。更重要的,是避免陷英國於被動之境和動搖她在香港的殖民管治。英國人也需要時間制定應對之策,尤其是如何最大程度地保護其利益。所以,麥理浩回港後只向香港人轉述鄧小平"讓投資者放心"的不全面甚至有誤導性的講話。

其實,在 1979 年之前,在若干英國領導人和中國領導人會晤的場合,中方已經不經意地提過在 1997 年收回香港的打算,但由於距離 1997 年尚早,英國人不予重視,甚至相信自

---

[55] 按照周南的憶述,麥理浩通過各種方式"投石問路",想延長對新界的租期。"鄧小平覺察到了英國的意圖,他會見麥理浩並指出:'我們歷來認為,香港主權屬於中華人民共和國。但香港又有它的特殊地位,所以 1997 年中國收回香港後,香港還可以搞資本主義。這是一項長期的政策。'會見中,鄧小平明確表示不同意麥理浩提出的在 1997 年 6 月後新界仍由英國管理的意見。他指出,中國政府的立場不影響投資者的利益。'在本世紀和下世紀初相當長的時期內,香港還可以搞資本主義,我們搞我們的社會主義。'實際上已經把'一國兩制'核心部分向麥理浩透露了。"引自張春生、許煜編著《周南解密港澳回歸——中英及中葡談判台前幕後》(香港:中華出版社,2012),第 111-112 頁。又見魯平口述、錢亦蕉整理,《魯平口述香港回歸》(香港:三聯書店,2009),第 7-8 頁。

己有辦法説服中國通過某種安排讓英國繼續管治香港。[56] 即便
鄧小平確鑿表達了收回香港的意向,英國對於能夠在 1997 年
後繼續管治香港仍然保存信心,主要理由是貧窮落後的中國不
會如此非理性地摧毀香港這只能夠為她"生金蛋"的鵝。英國
人為了強化其日後的談判籌碼,其中一個重大舉措是進一步加
強香港人對香港的歸屬感和對殖民管治的擁護,前者涉及到提
升香港人的本土主義傾向和他們對"香港人"作為一個特殊社
會群體的"身份認同",從而讓香港的華人抗拒回歸自己的國
家,後者則是動員香港人大力支持英國繼續佔領和管治香港,
和反對任何形式的回歸中國。為了達到這些目的,殖民政府的
懷柔管治作出了進一步的調整和完善,務求令香港人以香港為
家並視殖民政府為這個"家"的一分子和"家長",把殖民政府
蜕變為以香港人的利益和福祉為依歸的"自己人"的政府和領
導者,而非來自外地的、以英國為效忠對象、並受倫敦操控
的"異族"政府。如果香港人堅持和公開要求英國在 1997 年
繼續管治香港的話,則日後英國與中國展開香港前途問題談判
時便會處於較有利位置。[57] 呂大樂在閱讀麥理浩與倫敦之間的
來往文件後有這樣的看法,"跟很多從事香港研究的研究員的
假設或理解不一樣,麥理浩的施政並非直接回應六十年代兩次

56 例如在 1974 年 5 月毛澤東會見英國前首相、保守黨領袖希斯(Edward Heath)時,已經表達了在 1997 年收回香港的意向。見李後,《回歸的歷程》(香港:三聯書店,1997)第 63 頁。

57 然而,為了不讓香港人因"九七"問題而大規模移民英國,英國政府在 1970 年底修改法律,褫奪了香港人作為"英籍人士"在英國的居留權。見鐘士元,《香港回歸歷程》(香港:中文大學出版社,2001),第 68-70 頁。

騷動、暴動所帶來的政治衝擊，也不單純從香港內部發展的需要來考慮是否需要改革，而是更多從英國長期部署外交政治和處理香港政治前途的需要來考慮種種規劃。這些外交政治的計算，主導着很多在七十年代香港出現的變化。"[58] 與過去的港督相比，麥理浩在房屋、社會福利和教育方面尤為進取，而在籠絡華人精英方面亦更為廣泛和積極。1974 年廉政公署的設立，使反腐倡廉的工作向前邁進一大步，更是他的管治記錄的亮點。

在政治體制的發展上，比較觸目的改革是區議會在 1982 年的成立。一路發展下來，區議會的民選成分不斷增加。各個地區的區議會並非權力機構，只是就地方議題向殖民政府提供意見，讓政府施政更貼近民意和提升地方行政的效能。然而，區議會卻可以就不同問題，包括全港性的議題，暢所欲言，反映民意。當時很多人包括我在內沒有充分領略英國人的政治意圖，以為殖民政府在沒有強大民意要求下引進地方行政改革乃殖民管治積極進取和開明開放的一面。事態的發展證明，英國人深謀遠慮，目標在於將區議會發展為比那個由港督委任的立法局更具廣泛民意代表性的機構，利用它們日後支持英國政府在香港政治前途上的立場，讓中國政府飽受來自香港老百姓政治壓力。當然，事後證明區議會儘管沒有能夠發揮這個 "預定" 作用，反而成為被中國政府成功 "統戰" 的對象，但英國

58　見呂大樂，《那似曾相識的七十年代》（香港：中華書局，2012）。第 149 頁。

人的"高瞻遠矚"於此卻仍然可見一斑。[59] 總的來説，麥理浩的施政在相當程度上獲得香港人的愛戴，鞏固了殖民政府的"認受性"，而他的管治目標已經隱隱帶有殖民政府向香港人"讓權"的意味，讓殖民政府在更大程度上受到香港人的制約和更積極地向香港人"負責"。

政改綠皮書

中英兩國政府就香港前途的談判在 1980 年代初展開後，[60]

---

59 我曾經就區議會的成立在國際學術雜誌上發表了一篇有關區議會的文章，見 Lau Siu-kai, "Local Administrative Reform in Hong Kong: Promises and Limitations" *Asian Survey*, Vol.22, No. 9（September 1982), pp. 858-873。文章的論點集中在殖民政府鋭意提升地方治理上，並主要引用香港內部因素來理解殖民政府的改革。當時的殖民政府布政司姬達（Jack Cater）看過文章後跟我説我的了解不全面，但沒有解釋理由。當然，後來事態的發展才讓我恍然大悟。

60 有關中英就香港前途問題的談判的文獻不算多，許多機密資訊應該説尚未曝光。不過，若干曾經參與談判工作的官員的一些類似回憶錄的著作仍有一定的參考價值，當然避免不了更多的為己方辯解。見李後，《回歸的歷程》（香港：三聯書店，1997）；錢其琛，《外交十記》（香港：三聯書店，2004）；宗道一等編著，《周南口述：身在疾風驟雨中》（香港：三聯書店，2007）；魯平口述、錢亦蕉整理，《魯平口述香港回歸》（香港：三聯書店，2009）；陳佐洱，《我親歷的香港回歸談判》（香港：鳳凰書品文化出版社，2012）；張春生、許煜編著，《周南解密港澳回歸——中英及中葡談判台前幕後》（香港：中華出版社，2012）；Percy Craddock, *Experiences of China* (London: John Murray, 1994)；及 Chris Patten, *East and West: The Last Governor of Hong Kong on Power, Freedom and the Future* (London: Mcmillan, 1998)。另外，可參閱梁新春，《親歷香港回歸：後過渡期重大事件始末》（北京：社會科學文獻出版社，2012）；高望來，《大國談判謀略：中英香港談判內幕》（北京：時事出版社，2012）；Robert Cottrell, *The End of Hong Kong: The Secret Diplomacy of Imperial Retreat* (London: John Murray, 1993); Mark Roberti, *The Fall of Hong Kong: China's Triumph & Britain's Betrayal* (New York: John Wiley & Sons, 1994)；Jamie Allen, *Seeing Red: China's Uncompromising Takeover of Hong Kong* (Singapore: Butterworth-Heinemann Asia, 1997; 及 Jonathan Dimbleby, *The Last Governor: Chris Patten & the Handover of Hong Kong* (London: Little, Brown & Co., 1997)。

　　無論是為了強化英國的談判實力，或是為了在不得不撤離香港時達到"光榮撤退"的目標，英國人加快了向香港人"讓權"的戰略部署。最為觸目的是殖民政府在《中英聯合聲明》草簽後尚未正式簽署前急不及待地推出代議政制改革的《綠皮書》，明言要在香港回歸前建成一個立法主導，政府從立法機關產生的政制體制。換句話說，英國打算將其他英屬殖民地走向獨立過程中所建立的西敏寺政制模式（Westminster model）移植到香港來。就我個人而言，對於當時英國是否真的下定決心在香港推行一個無獨立國家之名，而有獨立國家之實的政治體制，深表懷疑，並曾撰寫論文斷言此圖謀不會得逞，回歸後香港的政治體制仍會是一個"行政主導"體制。[61]

　　事實上，在 1981-1982 年期間，我和當時的殖民政府布政司鍾逸傑和另外幾位朋友有過多次有關香港日後政制改革的討論，我得到的印象是殖民政府只屬意溫和的政制改革以回應因香港前途問題而掀起的民主化訴求，並沒有在撤退前在香港建立一個全面民主化、在回歸後不受中國政府制約的"獨立政治實體"的打算。我的理解是，殖民政府還是擔憂在香港的現實情況下，過快推進民主改革不利於香港的繁榮和穩定，引發工商界和主流精英的憂慮，觸發經濟和政治的動盪，並產生削弱殖民政府管治能力等後果。當時提出在新界成立區域市政局的

61　Lau Siu-kai, "Political Reform and Political Development in Hong Kong: Dilemmas and Choices" in Y.C. Yao et al. (eds.), *Hong Kong and 1997: Strategies for the Future* (Hong Kong: Centre of Asian Studies, University of Hong Kong, 1985), pp. 23-49。在文章中我使用"行政中心"政治體制 (executive-centered political system) 這個詞語來形容日後香港的政治體制。在以後的文章中我保留了英文的用法，而中文則改用"行政主導"政治體制。

目的乃是部分回應民主化的呼聲。[62] "殖民地" 官員仍然希望
當立法局議員的委任制度在民主改革下不能維持時，可以通過
功能團體選舉的方式讓各界精英能夠保有相當的立法機關的
議席，從而保障其利益和對香港的支持。[63] 此外，那些精英分
子又可以進而充實經過民主化洗禮的立法機關的人才供應。再
者，功能團體議席的存在，可以避免香港過快進入全面普選立
法機關所帶來的種種政治震盪和風險。換句話說，功能團體議
席的設置和日後隨着民主化的進一步發展而一步步減少，是一
種 "以空間換取時間" 的戰略部署，讓所有人在得到選舉權的
同時給予精英階層較多的政治權利，目的是要讓香港的民主化
能夠扎實穩步前進，但並沒有固定的時間表，更沒有要求在
1997 年完成。[64]

　　由於有這樣的理解，當看到《綠皮書》後，我滿腹狐疑。
到目前為止我仍然相信英國人的代議政制改革基本上是 "虛晃
一招"，而並非是義無反顧地在撤退前必須徹底完成的重大政
治工程。很難想像經過幾十年與中國政府的交往，英國人會
認為中國政府會接受那種帶有濃厚 "香港獨立" 色彩的政制變

62　原來的意思是讓市政局的職權由市區擴展到新界地區，但新界的鄉事（原居民）勢
　　力擔心會嚴重削弱他們在新界的政治影響力，所以才另外搞一個區域市政局。

63　其實，對英國人來說，"功能團體" 選舉並非新事物。在全面民主化之前，英國歷
　　史上已經有讓一些 "功能團體" 比如牛津大學獲得國會議席的安排。在香港，香港
　　總督寶雲（George F. Bowen）於 1884 年改組立法局，讓兩個 "功能團體"（香港
　　總商會和太平紳士）各自選出代表為立法局議員。見 G.B. Endacott, *Government
　　and People in Hong Kong 1841-1962: A Constitutional History* (Hong Kong: Hong
　　Kong University Press, 1964), p.102。

64　在當時的政治環境下，先讓少部分人擁有選舉權，然後再逐步讓更多人擁有選舉
　　權的安排恐怕難以得到社會各界的贊同，反而會引發更大的政治衝突。在香港 "複
　　製" 西方國家的民主發展進程 —— 即選舉權分階段開放 —— 沒有現實意義。

革。我的判斷是，《綠皮書》發表的目的是要讓香港人減少對香港未來的擔憂，防止移民潮的出現，避免發生要求英國改變原來政策讓大批香港人到英國移民的政治壓力，讓殖民政府在香港餘下十多年時間的管治得以保持平穩，更讓香港人緬懷"殖民地"的好。另外一個原因，是要遊說英國國會接受《中英聯合聲明》和英國失去香港的"殘酷"現實，因為既然在回歸前香港人已經得到充分的自治權力來保護自己的利益、制度、價值觀和生活方式，則英國將香港交還中國便沒有"遺憾"和"愧疚"，反而是光榮撤退的示範。至於中國政府如何看待代議政制，則並非首要考慮。然而，英國這種"先發制人"的行動不但遇到中國政府的堅決反對，更為日後中英雙方在處理香港政制發展問題時播下互相懷疑、爾虞我詐的種子。從 1984 年開始，中英雙方在香港政改問題上展開了連綿不絕的政治較量，結果以合作失敗、"直通車"脫軌告終。香港民主化道路之所以如此崎嶇曲折和獨一無二，和中英之間在政改問題上存在嚴重的概念上、政治上和利益上的分歧不無關係。

　　當然，《綠皮書》羅列的政制改革建議因為得不到中方的接受而不能實施，不過就算勉強推行也不能過渡到回歸之後，反而會破壞中英兩國政府在政權交接上的合作，對香港的穩定繁榮與殖民政府的管治能力造成嚴重損害。可是，一個殘酷的現實是，殖民管治的行將結束必然會嚴重削弱殖民政府的權威，激化香港的內部矛盾和衝突以及可能衍生"難以管治"的危機。[65] 為了維繫香港人在過渡期內對"時日無多"的殖民政府的支援,為了滿足部分香港人因香港回歸而陡然上升的民主訴求,同時為"光榮撤退"的達致而儘量找尋辦法,英國在香港繼續進行政制改革的心不死。

另外一個重要原因是英國人意識到隨着殖民政府的管治權威的迅速萎縮,原來襄助殖民政府的華人精英"同路人"中的一部分會放棄對殖民政府的效忠,轉而投靠中國政府,並與各種"愛國愛港"勢力合作共同對殖民政府造成挑戰和制約,從而妨礙英國在過渡期內在香港推行各種對英國有利的部署。最令英國人耿耿於懷的是工商界和掛靠於工商界的專業精英(法律界除外)的政治取向。儘管殖民政府與商界翹楚過去一直結為政治夥伴,一直支配着香港的政治格局,但畢竟那是權宜和脆弱的結合,商界放棄對政治權力的野心以換取賺錢的機會,但殖民政府與商界精英的關係始終是一種雙方都感到"不太自在"(uneasy)的關係。[66] 繼續推行政制改革的一個實際和迫切目標,是通過開放政權,讓一些能夠與殖民政府"並肩作戰"的新的政治盟友有機會冒起,其中不言而喻是那些懷抱反共心態並且嚮往西方自由民主意識形態的反對派人士和政治團體。這些人士主要來自過去高等教育擴張而大量湧現的從事公共服

65　見 Lau Siu-kai,"Hong Kong's 'Ungovernability' in the Twilight of Colonial Rule" in Zhiling Lin and Thomas W. Robinson (eds.), *The Chinese and Their Future: Beijing, Taipei, and Hong Kong* (Washington,DC: American Enterprise Institute Press, 1994), pp. 287-314; 及 Ian Scott, *Political Change and the Crisis of Legitimacy in Hong Kong* (Hong Kong: Oxford University Press, 1989)。

66　見 Leo F. Goodstadt, *Uneasy Partners: The Conflict Between Public Interest and Private Profit in Hong Kong* (Hong Kong: Hong Kong University Press, 2009)。

務、自由職業、媒體、教育、社會服務等行業的精英，他們當中不少又具有西方的基督教和天主教信仰。這些新興政治力量必須藉助殖民政府開放政治參與空間才有望在政治上冒起。誠然，殖民政府也知道那些新興力量抱有某種反對殖民主義和渴求西方民主的意識，而且他們與英國人的"合作"帶有機會主義和實用主義的性質。他們是希望英國人能夠不顧中國政府的反對盡其所能在回歸前實施最大程度的民主改革，好讓他們得以擴大力量，為回歸後與中共政權較量時有着更雄厚的政治資本。不過，英國人也明白，在中國政府的反對下，這些新興政治勢力不可能在回歸後執掌香港特別行政區的政權，但在過渡期內利用這些勢力來制衡和反制中國政府、左派勢力、逐步壯大的"愛國愛港"力量和"背叛"殖民政府的前"同路人"還是有需要和作用的。

不過，英國人的利益與原來的商界精英的利益在很多方面仍舊是密不可分的，而且由於後者現在和將來仍然是"財雄勢大"的主流社會、經濟和政治力量，英國人儘管對他們的忠誠不敢信任，但對他們的倚重卻難以減少。因此，在構思政制改革時，殖民政府都是小心翼翼地平衡新興勢力和舊有勢力的利益和訴求，但總的來說還是向舊有勢力有較多的傾斜，結果導致新舊勢力都對殖民政府有怨懟之情。

"讓權"計劃

中方對維持香港的原有制度和生活方式"五十年不變"，

是指 1982 年中英開始談判香港前途問題時香港的現狀，包括
政治體制在內。如果要改變的話，須要通過兩國的協商，取得
共識後才推行。中方完全沒有香港發生"五十年不變、十五年
大變"的心理準備，因此對英國在香港推進"民主化"的意圖
以"陰謀論"來解讀。[67] 在香港民主化的問題上，中、英政府
角力不斷，但總的態勢是英方主攻，中方主守，偶爾予以反
制。縱然中方有拒絕英方的改革在回歸後繼續保留的優勢，但
當英方強行在回歸前引進政制改革，而那些改革又變成"既成
事實"（fait accompli）並得到香港人的普遍認同和擁護，則中
方也難以完全將它們推倒重來，只好吞下"苦果"。縱觀回歸
前香港民主化的崎嶇曲折歷程，香港的行政長官和立法會在回
歸後要經由選舉產生應該說是英方在與中方談判香港政治前途
時提出的要求，但究竟具體辦法為何，我估計雙方並沒有任何
共識，反而各自演繹。我的推斷是中方從一個抽象或模糊角度
來理解"民主"而沒有用西方的具體定義來認識，而且中方官
員恐怕也不具備相關的政治和思想背景去"了解"或"欣賞"
西方民主，更不可能聯想到西方國家的選舉安排。不過，中方

67　例如，前國務院港澳辦主任魯平在他的魯平口述、錢亦蕉整理，《魯平口述香港回
　　歸》（香港：三聯書店，2009）一書中有此分析："總之，英方在談判中千方百計地
　　企圖在九七年後繼續保持它在香港的利益和影響，一反英國一百多年來實行的獨裁
　　統治，提出要甚麼'還政於民'，推行其所謂的'民主政治'，企圖以此來制約中國
　　對香港行使主權，把香港變成一個獨立的政治實體。"（第 48 頁）"所謂植根於香
　　港，〔英方〕的基本想法就是'還政於民'。照理，你應該還政給我們中國政府，然
　　後，由中央再授權給香港特別行政區，你不能私相授受的，他們想私相授受，造成
　　既成事實。他們用這個企圖來限制我們中央對香港行使必要的權力。這是他們一貫
　　的思想，包括現在香港有些人還是這個思想，就是要與我們大陸絕緣，在內地和香
　　港之間要有一個隔離區。"（第 66 頁）

也認為香港回歸後的政治體制應該也一定是一個比"殖民地"政治體制更為"民主"的政治體制,以突出回歸後香港的政治進步,而香港人作為中華人民共和國公民應該比作為"殖民地"人民享有更多的"民主"。所以,中方接納了英方的建議,容許回歸後的行政長官和立法會由選舉產生。中國政府本來以為香港的民主發展應該是在"九七"回歸後才起步,而以甚麼方式體現"民主"發展則是由中國政府和香港人在協商後才定案的事。中國政府顯然沒有估計到英國會搞"偷步"一招,在沒有知會中方情況下單方面提出自己的構思,發動香港人支持,並大大提高香港人正在上升的民主訴求。中方的反對與不滿當然對英方有反制作用,而且在某程度上中方決定在1985年開始用五年時間起草《基本法》也產生了在香港的民主化進程上爭回若干主動權的效果。但英方仍是步步進逼,迫使中方不斷讓步,並在1980年代中後期雙方達成"直通車"的協定,讓香港的政治體制能夠在回歸前有所發展並且延續到回歸之後。這本來應該是最有利於香港政局的穩定、香港的平穩過渡和殖民政府在中英合作的氛圍下維持有效管治的最佳安排。

1989年發生的"六四"事件徹底改變了香港的政治形勢和中英兩國的關係。"六四"事件對香港人的心理衝擊十分巨大和深遠。人們對中共政權突然失去信心和信任,對香港的未來失去憧憬,對"一國兩制"的承諾不予置信,撤資和移民之風猛然颳起,香港陷入混亂、紛爭和動盪之中。從英國人的角度看,"六四"事件既是"危機",也是"機遇"。香港人的惶惑、不安與恐懼引發香港政局不穩,衝突不斷,使得管治權威正在下墜的殖民政府的處境雪上加霜，如何確保有效管治是個難題。英國人覺得加快香港的民主發展步伐是緩解管治困難的不二法門，即使這會導致中英矛盾激化，但為了政治"自保"亦在所不惜。與此同時，英國估計中國共產黨的政權有崩潰之虞，中英兩國就香港問題所達成的協議可以推倒重來，英國甚至有可能繼續維持她在香港的管治。東歐變天和蘇聯解體後，英國這個態度更為明確和堅定。[68] 不過，在 1989–1992 這段時間內，英國採取的是靜觀其變、仔細琢磨的做法，沒有馬上改變與中國的關係，反而在《基本法》公佈前夕與中方達成香港政制改革的"秘密協定"，目的是要讓香港的政治體制得以過渡到回歸之後。[69] 1992 年英國撤換被批評為對華立場過分軟弱的魏奕信（David Wilson），改派保守黨高層人物彭定康為香港最後一任香港總督來執行新的和更強硬的對華政策。[70]

英國的新的、較為強硬的對華政策的核心實際上是以對抗

68　見 Foreign Affairs Committee, *Relations Between the United Kingdom and China in the Period Up to and Beyond 1997* I (London: HMSO, 1994), p. xiii。其實中國政府對英國態度的轉變也頗為明白。據周南透露，"……彭定康對香港的態度從根本上講是英國政策改變的問題，不僅僅是他個人的問題，是英國錯誤估計了中國的形勢：一個是蘇聯和東歐劇變，另一個就是'八九政治風波'。這兩個事件已發生，英國統治階級認為好機會來了有機可乘了。他們認為中國也要步蘇聯和東歐的後塵，要垮台了。周南說他看過英國議會外交委員會的一個內部文件，其中講到：以鄧小平為首的中國現行政府能否維持到 1997 年，是很成問題的。因此英國對華政策（包括香港）應有高度的'靈活性'。這個'高度靈活性'是外交語言，說穿了就是要改變原來的協議。"見張春生、許煜編著，《周南解密港澳回歸——中英及中葡談判台前幕後》（香港：中華出版社，2012），第 202-203 頁。

69　見《中英關於香港 1994/95 年選舉安排會談中幾個主要問題的真相》（香港：三聯書店，1994），第 6 頁。

70　見 Lau Siu-kai, "Decolonisation *à la* Hong Kong: Britain's Search for Governability and Exit with Glory" *Journal of Commonwealth & Comparative Politics*, Vol. 35, No. 2 (July 1997), pp. 28-54。

取代對話,激化香港人的反共情緒以為己用,企圖強化管治權
威,掃除"跛腳鴨"的形象。為此,彭定康特意採取"民粹"
領袖的姿態以求取悦群眾,企圖改變香港人過去覺得政府高高
在上的印象,在他們當中樹立群眾"當家作主"和"不畏權勢"
的思想。在民主化問題上,彭定康在沒有知會中方和不顧中方
反對下強行推行政制改革,主要內容是把投票年齡從 21 歲降
到 18 歲、改變功能團體的性質為全民普選、負責選舉部分立
法機關議員的選舉委員會的成員改由群眾選出而不再由精英分
子選出、和取消區議會所有的委任議席,實際上置中英政府
的 "秘密協議" 於不顧。[71] 政制改革後的立法機關的所有議席
都由帶有濃厚普選元素的選舉辦法產生。英國人的目的昭然若
揭,是要讓反對派能夠在 1995 年的立法局選舉中奪取大部分
議席,繼而在回歸後控制立法會,並以立法會為政治基地反制
甚至"領導"行政機關。在取消所有委任議席後,區議會也會
成為反對派的政治舞台,並以之為發動民意掣肘政府的利器。
從中方的角度看,彭定康的政改方案包藏禍心。"表面上,這
個方案仍然説要維持行政主導制,實際上,卻要急劇改變政
制,迅速提高立法機構的地位和權力。其主要措施有:把立法
局的功能團體和選舉委員會的間接選舉改為變相的直接選舉;

71　各種證據顯示,在推出政改方案時,彭定康根本不知道中英 "秘密協議" 的存在。
　　最可能的原因是他與英國外交部的 "中國通" 意見相左,後者刻意隱瞞此事,令彭
　　定康 "栽跟斗"。不過,就算彭定康事先知道有關協議,在當時的鬥爭環境下,估
　　計他仍會為了貫徹英國的強硬對華政策而 "盲幹"。見 Leo F. Goodstadt, *Uneasy
　　Partners: The Conflict between Public Interest and Private Profit in Hong Kong*
　　(Hong Kong: Hong Kong University Press, 2009), p. 86。魯平也 "估計〔彭定康〕
　　不知道有這個〔代表 "秘密協議" 的〕七封信,因為他跟外交部關係不好。" 見魯平
　　口述、錢亦蕉整理,《魯平口述香港回歸》(香港:三聯書店,2009),第 85 頁。

馬上取消在香港行之有效的區域組織委任制,改變區域組織的
非政權性質和職能。"[72]

英國的強硬對華政策,徹底摧毀了政治體制的"直通車"
安排。在激烈反對不果後,中國政府決定在香港的政改問題上
"另起爐灶","以我為主",獨行其是。一方面全國人大常委會
成立香港特區籌備委員會預備工作委員會,負責部署回歸事
宜,包括研究特區第一屆行政長官和立法會的產生辦法。另一
方面則決定成立臨時立法會,以應對回歸後馬上出現的"立法
真空"的情況。當然,英國人對中方的舉措口誅筆伐,而且拒
絕給予配合,對預備工作委員會採取排斥和孤立的策略。

從英國人的盤算看,最理想的向香港人"讓權"的計劃當
然是通過代議政制的發展建立一個立法主導的西敏寺議會制。
但一方面中方極力反對,另一方面香港的商界和專業精英不支
持,在撤退前要完成部署並無把握,即使勉強執行也沒有過渡
到"九七"後的可能。彭定康的改革雖然頗為全面和進取,但
由於在形格勢禁,和時不我予的環境下推行,即使成功也與英
國人的"理想"有一段距離。既然英國在其他殖民地的"光榮
撤退"的計劃不能在香港"複製",她只能發揮"創意",挖掘
更多其他"讓權"的方法,總的目的不外乎在撤退前把更多的
權力和影響力交予香港人,特別是那些在政治上得到英國信任
的人。在香港前途問題出現前,香港的反對勢力是殖民政府時
刻警惕的力量,但在共同反共的目標下,反對派成為英國人的

___

72　魯平口述、錢亦蕉整理,《魯平口述香港回歸》(香港:三聯書店,2009),第 84 頁。

重要朋友，即便不是唯一朋友。畢竟英國在香港有巨大的經濟利益，而這些利益在香港回歸後仍然需要好好保護，英國人對懷抱民粹主義和福利主義的反對派始終有戒心，更何況部分反對派人士以民族主義的信仰者自居。

殖民政府在政制改革以外的各種"讓權"行動和措施，最能顯示香港的"沒有獨立的非殖化"的特點，充分反映了英國人的政治智慧。魯平曾談過與英國人交手時必須高度警覺。他說，"我得出一個經驗：英國人的確是老謀深算，他們走一步棋要看兩步，我們要看三步，這樣才能對付他們。我們要有理有利有節地鬥爭，知己知彼才能取得成功。"又說，"〔彭定康〕利用八九後香港人的抵觸情緒，把香港反對回歸的實力變成了一股政治力量，把矛盾激化，對今天都是不安定的因素。"[73] 事實上，中國政府對於英國人在改變香港政治體制的意圖和行動高度警惕和關注，反應的速度也頗快。然而，對於政制改革以外的各種"讓權"行動，中國政府卻顯然了解和注意不足。即便有所懷疑，也難以有相應的手段予以阻止。殖民政府往往以提升行政效能、強化香港人對香港的信心和增加人權自由等美妙理由去解釋其行動，中國政府也不好提出異議。事後看來，英國人在政制改革以外的改革的政治意義和效果，與政制改革相比甚至猶有過之。

實際上，英國人的"讓權"計劃是香港民主發展的重要內容之一，其戰略意義絕不下於政制改革，對香港在回歸後的政

73　魯平口述、錢亦蕉整理，《魯平口述香港回歸》（香港：三聯書店，2009），第 79 頁和第 101 頁。

治態勢和管治格局有着深遠的影響。英國人的意圖是"代議政制"與其他的"讓權"措施同時推進,相互強化和互相激化,特別希望其他的"讓權"措施能夠進一步提升香港人的民主訴求。無論是"代議政制"或是"讓權"計劃,目標都是要賦予香港人更大的權力(empowerment),好讓他們有力量在回歸後去制衡中央政府和"親北京"的特區政府。

這些因應殖民管治有可能結束所部署的"讓權"行動,其實早於香港前途問題浮現前已經發生。上文提到的區議會的設立便屬於這個性質的行動。另外一些行動包括委任選舉產生的立法局議員到行政局去、儘量將立法局議員委任進各個諮詢組織之中、制定司法服務條例以代替與司法官員有關的公務員條例(目的在於強化司法獨立)、重組半民選性質的市政局和在新界成立大致上與市政局性質相若的區域市政局、加快公務員"本地化"(localization)的步伐、自 1985 年中開始停止僱用外籍人士為政務官等。

在"六四"事件出現後,英國通過"居英權"計劃,讓五萬名香港精英分子的家庭獲得英國國籍是另一例子。1989 年根據《申訴專員條例》成立,有責任接受群眾投訴和監察香港的公共行政的申訴專員公署又是另一例子。1991 年立法局通過一條以聯合國《公民權利和政治權利國際公約》為藍本的香港人權條例更是十分重要的例證。

彭定康來港履新後,英國人的"讓權"行動加速進行,而且涵蓋面甚廣。較為重要的包括:第一,把扶植"接班人"的焦點從選舉領域轉到行政領域。在原來英國的"代議政制"構思中，香港的政治領袖是通過立法機關的普選而產生。由於立法機關普選必然催生政黨，因此這些政治領袖又必然是主要政黨的領導人。再者，在立法主導或"議會制"下，政府從議會產生，所以這些政黨領導人又順理成章地成為將來特區政府的領導人。不過，中國政府的反對使英國的圖謀不遂。英國於是改轅易轍，把高層華人公務員作為日後政治領袖的來源。

在香港人的眼中，公務員雖自我謙稱為"公僕"，但實際上自始至終是香港的"統治者"，由高層華人公務員出任香港特區的領導人，社會上不但不抗拒，甚至頗為受落。相反，香港人對"政客"始終沒有好感，認為他們是"混政治飯吃"的、不值得敬重的人。英國人相信，經過長年累月的薰陶，英國人的思維方式、價值觀和處事習慣應該在華人官員中根深蒂固，對回歸後保留英國的政治傳統和維護英國的利益絕對有利。不過，英國人也擔心華人高官由於缺乏由選舉過程"洗禮"所帶來的政治"認受性"，他們的政治權威難以持久。無論是"洋官"還是"華官"，他們的精英心態和政治傲慢姿態其實都是不利於贏取群眾的好感和敬佩的。再者，英國人對高層華人公務員的能力和勇氣其實不是看得很高，在肯定他們辦事能力的同時卻對他們的政治能力和勇氣質疑，並且憂慮他們對權威服從甚至逢迎的陋習會導致他們容易受到中國政府的操縱，變成"北京治港"的馴服工具。加上培植華人高官為政治"接班人"的決定來得太遲，時間上實在不足，英國人也就猶豫再三。不過，既然英國人絕對不願意看到香港出現"愛國愛港"人士治港的情況，則扶植華人高官為將來香港特區的政治領導人便是唯一的選擇。

　　為了讓華人高官迅速"上位"，殖民政府採取了幾項相應
措施。華人高官被給予"居英權"，讓他們無後顧之憂，可以
安心留港工作。殖民政府以極快的速度提升華人官員，使他們
能夠坐上那些他們過去夢寐以求但卻只可遠觀的最高位置上，
包括布政司、財政司和其他司級官員職位，讓他們能夠及早
累積經驗和威望。[74] 殖民政府尤其是香港總督不遺餘力向香港
人和國際社會推許這些獲得英國人垂青和培植的華人高官，務
求在港人心中樹立他們的"光輝""領袖"形象，營造日後"港
人治港"時"捨他們其誰"的想法。與此同時，殖民政府致力
打擊和醜化"愛國愛港"人士，加深香港人對他們的偏見、歧
視、排斥和不信任，削弱他們日後成為"治港"港人的可能
性。更重要的一招，是在臨近回歸前的一兩年，英國"突然"
調整對華政策，基本上放棄對抗策略，改為恢復部分與中方的
合作。英方政策調整的主要理由當然是因為它覺得中國共產
黨在中國執政的局面在可見的將來不會改變，必須承認政治現
實重新與北京修好。就香港問題而言，恢復與中國政府合作對
爭取北京接受殖民政府培植的華人高官為特區政府的領導人有
利。英方這一招十分成功，中方同意讓全體"殖民地"的公務
員過渡到"九七"之後。在第一屆特區政府中，除了特首董建
華和律政司司長梁愛詩外，所有主要官員都由原來"殖民地"

---

[74]　律政司和保安司這兩個職位在政治上太敏感，也實在太重要，因此在撤退前沒有讓
　　　華人出任。

的華人高官出任。[75] 其實,中國政府接受英方的安排也是"順水推舟"之舉。一方面在英國人的處處設防和阻撓下,中方不可能單獨成功地培植在香港人心目中享有威望的政治領袖並起用他們來取代英方器重的人。另一方面是中方一直以來都不反對讓華人公務員在回歸後香港的管治中擔當重要角色,覺得這樣會更有利於平穩過渡。當然,與英方一樣,中方也相信華人公務員會尊重中央政府的權威,並且會逐步轉移他們的效忠對象。回歸後事態的發展迫使中國政府改變對公務員應該會竭力扶持行政長官的想法,特別是在政務司司長陳方安生領導下出現公務員與特首合作上的困難之後,因此才有主要官員問責制的出現,讓公務員不能繼續壟斷最高層官員的職位,但即便如此,華人公務員在中國政府眼中的重要性仍然維持在較高水平。

第二,在扶植華人公務員為回歸後特區的政治領導力量之同時,殖民政府也刻意在行政機關的周圍佈置各種各樣的制衡和監督政府的機構,意圖削弱和限制行政機關的權力。負責促進平等機會和保障個人私隱的法律與機構的相繼成立,讓香港人有更多的渠道維護自己的利益。平等機會委員會是一個法定機構,於 1996 年成立,負責執行《性別歧視條例》、《殘疾歧視條例》及《家庭崗位歧視條例》。個人資料私隱專員公署是另一個獨立法定機構,負責監察自 1996 年生效的《個人資料(私隱)條例》的實施。

75　有可靠消息說中國政府原來打算多一些其他人加入第一屆特區政府的領導班子而非完全倚重殖民政府的華人高官,但被董建華所反對。

　　第三，主動要求香港人檢查和監督政府的工作表現。制定政府與公眾的"約章"（charter），政府部門答應在某段時間內並在達到預設標準的情況下完成某項工作或兌現某項承諾。雖然這個"約章"沒有法律效力，但它的政治意義在於確認公務員是服務的提供者，而老百姓則是服務對象的"主從"關係。大大減少了香港人對政府官員的畏懼，提升了香港人對政府的期望，提供了表達"失望"和"不滿"的投訴渠道，並對官員的工作表現形成壓力。

　　第四，非正式地建立行政機關向立法機關交代和負責的關係，並讓這個關係成為香港的"憲政慣例"（constitutional convention）。彭定康定期到立法局接受議員的質詢和責難。殖民政府官員經常到立法局向議員解釋政策和尋求支持，並聽取立法局議員提出的有關施政和政策的意見、建議和批評。這一切都是為了讓香港人覺得立法機關比行政機關擁有更高的地位和權威，而行政機關是按照立法機關和它所代表的民意辦事。在回歸前的一刻，彭定康不假思索，在沒有經過社會討論和立法局廣泛辯論的情況下，匆匆簽署了若干條立法議員提出並在立法會通過的私人草案，使之成為香港法律，這更是要樹立"立法主導"範式的經典之作。[76]

　　總括而言，英國在香港民主化的基本立場雖然在不同時間，因應香港的情勢和中英關係的變化而有所不同，但脈絡還是清晰的。它主要從英國"光榮撤退"和保衛英國的利益出

76　其中涉及維多利亞港填海和公共房屋租金水平的私人法案在回歸後帶來了嚴重的後果，對公共財政和經濟發展造成不少困難。

發，保持殖民政府在過渡期間的有效管治和防止香港人爆發要求移民英國的浪潮。當然，對於何謂"一國兩制"，英國的詮釋與中國的詮釋肯定大相徑庭。在形格勢禁、不得不拱手交回香港予中國之同時，英國對於中國共產黨的懷疑和厭惡、對香港人的"同情"促使她希望在殖民管治行將結束前"還政於民"，在香港建立"完全自治"的政治體制，在"兩制"之間架設屏障，讓港人有足夠的政治權力去制衡日後的"宗主國"，不讓其可以隨便干預香港事務，從而保障香港原有的制度和核心價值及延續英國的影響力。在過渡期內的政制改革還有另一作用，那就是扶持新的政治勢力，主要是認同西方政治理念和懷抱反共意識的反對派，改變過去對他們懷疑和戒懼的態度，轉而與他們結為"非神聖同盟"，共同對付中國政府、"反叛"的建制派分子和"愛國愛港"力量，目的在於在殖民政府的權威日漸衰落、管治愈益困難的情況下鞏固管治根基和爭取最大的英國利益。英國不太認同中國那種謀求中英兩國在過渡期內充分合作以達致香港"平穩過渡"的目標，反而處處防範在過渡期內出現中英"共管"（condominium）的局面，擔憂這會削弱殖民政府的管治威信和避免中方破壞英國單方面銳意推行的各項大計。比如說，中英聯合聯絡小組的成立便是經過艱巨的談判才能勉強達成協議。又比如說，中國提出的在回歸前委任一名華人為副港督，然後再讓他將來順利"過渡"為特區行政長官的建議亦不獲英國首肯。[77]

英國希望見到的"一國兩制",在香港在回歸後成為一個享有"完全自治"權力的"獨立的政治實體",特區政府和立法機關都實質上只對香港人負責,中國政府的權力徒具空文,似有若無。至於哪些力量在香港執政則不是英國人最為關注的事。由於所有政治勢力必須取得香港人的支持和信任才能上台執政,這些負責"治港"的港人在香港"恐共"和"疑共"的氣氛下都必然會以抗拒中國政府的干預為己任。至於由那些帶有福利主義和民粹主義抱負的反對派主政的話會否徹底改變香港原有的經濟和社會制度和香港的公共政策,產生不利於香港的發展和穩定的後果,則不是英國顧慮的事。顯然,英國人對香港回歸後能否在中國主權下保持經濟活力和對西方的價值也沒有充分的信心,因此過分講求香港日後對英國和西方的作用也不太現實。在這個思路中,英國作為一個國家的榮譽和利益肯定凌駕英國在香港的商業利益和英國商人的個人利益之上。這便解釋了為甚麼英國商界對殖民政府所實行的花樣繁多的"讓權"行動不甚理解也不甚支持的原因。

在英國的"光榮撤退"計劃中,中英關係看來也沒有被放到戰略高度來考慮。當然,英國深知沒有中國的合作,甚至出

77　據魯平的憶述,"為了平穩過渡,中國方面煞費苦心,還曾經醞釀過一個行政首腦的產生辦法,就是一九九七年以前,最好有一個香港的中國公民來擔任一個副總督。香港總督他當然是一個英國人了,但是有一個中國人擔任副總督,這個人是要雙方共同認可、共同推舉的,那麼到了一九九七年七月一號以後,這個副總督就可以自然地成為香港特別行政區第一任的行政長官。我們有這樣的設想,當然了,那個時候還來不得及跟英方相談這個問題。後來,很不幸,被彭定康全部推翻了。"見魯平口述、錢亦蕉整理,《魯平口述香港回歸》(香港:三聯書店,2009),第68頁。

現與中國對抗的局面，英國在香港管治最後的日子肯定不會好過，而其將來在香港和中國的利益也可能受損。然而，英國還是不斷做不利於中英兩國關係的事，特別是讓中英鬥爭妨礙在過渡期內通過政制銜接來孕育和培植一批能夠得到雙方支持和香港人接受的本地政治領袖來接掌特區政權，從而保證香港回歸後政府的暢順運作。我的看法是，在整個 1980 年代和 1990 年代，不少西方國家對中國的政治和經濟前景並不樂觀，不相信中國能夠在短時間內崛起成為世界上舉足輕重的大國。既然中國在國際上和對西方的戰略重要性不大，則以中英關係大局為重的戰略思維便無從出現。即使英國在香港回歸前夕已經確認了中國共產黨已經擺脫了因"六四事件"而引發的政權危機，因此被迫放棄由彭定康執行的對抗政策，改為增加與中方在政權交接事務上的合作，但其實也是為勢所逼而已，因為英國理解到非如此做殖民政府所刻意培植的政治人物（主要是高級公務員）便無法順利過渡成為特區的主要官員，而英國人最瞧不起的"親北京"人士便順理成章地成為香港的"新主人"。

簡單地說，英國對中國的"一國兩制"的詮釋不認同，銳意按照她的版本去佈置香港的未來是基於英國本身的榮譽、利益和考慮，而對香港和中國的影響則只屬於次要考慮。由此而引發的中英鬥爭和香港的內部矛盾對香港日後的民主發展造成深遠的影響和難以克服的困難。中英鬥爭不但分化了香港社會，也分化了香港的政治精英。兩國政府在過渡期內實際上主導了香港的政局，決定了所有的重大事項，使得香港的政治精英在政治上嚴重分化，無所作為，逐漸走向"邊緣化"，難以累積管治經驗，無法通過合作來增加互信，難以透過相互競爭來決定各自地位的高低，也無從憑藉“政績”來凝聚群眾的支持和信任。與此同時，英國人的政治智慧、靈活性和務實性亦充分呈現。儘管英國在中國的反制下不能完全按照其意願落實其“光榮撤退”的大計，但已經對香港今後的管治和長遠發展製造了不少難以處理的限制和障礙。香港的民主發展的獨特性與英國人竭力按照其意圖以達致“光榮撤退”並刻意排拒中國政府和“愛國愛港”勢力有頗大關係。

第三章
中國政府對香港民主發展的態度

　　中國政府對香港民主發展的態度與英國政府迥然有異。有趣的是，中國領導人、官員和學者在論述香港特區的政治體制時雖然卷帙浩繁，但內容一般比較簡單，集中在理論性和原則性的表述，而且往往為了照顧各方面的感受，或者不讓英方和反對派有聳動視聽、借題發揮和恫嚇群眾之機，通常欲言又止或點到即止，令人難以好好掌握中方的態度、看法和擔憂。[78]這樣一來，在與英方和反對派在香港民主化問題上爭奪話語權和爭取香港人的理解和諒解時經常居於下風，對推動有利於"一國兩制"實施的香港民主發展模式着實不利。我在這章的論述建基在我多年來對中國政府對香港民主化和政制改革的認識、態度和立場。當然，我承認我的詮釋未必能夠完全正確表達中方的觀點，但我相信應該相差不遠。

　　我認為，中方對香港民主發展的立場是建基於"一國兩制"這個基本國策能否準確和充分落實，其目標能否得以達到，從而國家和香港兩蒙其利這些基本考慮之上。由此以觀，

78　例如見趙睿、張培忠編，《中國領導人談香港》（香港：明報出版社，1997）。

香港的民主化和與其相關的政制改革在"一國兩制"中既是目
的,也是工具,但工具的性質更要強一些、更關鍵一些。作為
一個工具,政治體制和其發展的功能是要確保"一國兩制"方
針的落實和其戰略目標的達致。反過來説,香港的民主化只能
配合和促進"一國兩制"下香港各方面包括政治、社會、民生
各領域的發展,並且要有利於在一個國家內香港與內地的融洽
相處,特別是要建構良好的中央與特區的關係。從目標而言,
一個民主程度更高的政治體制在香港結束殖民管治,回歸祖國
後出現,肯定是香港人和內地同胞喜見樂聞的事,同時也彰顯
香港人成為中華人民共和國公民後取得新的政治權利和當家做
主的地位。然而,即便作為一個目標,香港的民主發展與其他
眾多的"一國兩制"目標相比較,也不可以算是一個最重要的
目標。其他較重要的目標當然就是維持良好的中央與特區的關
係、保持香港的繁榮和穩定、維持或強化香港在國家社會主義
建設中的貢獻、防止香港成為顛覆內地政府和社會主義體制的
基地等。中國政府對香港的民主發展所持的民主觀顯然與西方
主流的民主觀差別很大。按照西方的説法,民主政治的真諦是
"結果的不確定性"(uncertainty of outcome)。[79]這是説,各方
面同意了一套民主選舉辦法之後,也同時願意接受任何選舉的
結果,無論哪個選舉結果如何不好或對自己不利,因為經過民
主選舉後的所有結果都應該是公平的,也是不應該被推翻的。

79　見 Adam Przeworski et al., *Democracy and Development: Political Institutions and Well-Being in the World, 1950-1990* (New York: Cambridge University Press, 2000)。

從中國政府的角度看，既然"一國兩制"方針是為了國家和香港的根本和長遠利益而制定，因此不可能接受選舉結果"不確定性"的提法。在"一國兩制"下的選舉結果必須是預定和計劃好的結果，是對"一國兩制"實施有利的結果，而不可以是其他結果，更不可以是與"一國兩制"的目標背道而馳的結果。比如說，中國政府不會接受一個聲稱要在香港實行社會主義的政治力量通過贏得選舉而執掌香港特區的政權。又比如說，它也不會讓那些反對中國政府和"一國兩制"的人成為香港特區的行政長官。簡言之，中國政府不會接受那些會帶來不明朗情況和後果的香港政治體制和選舉安排。

一國兩制的首要目標

當然，無論是英國人、西方人和香港的反對派都一致把民主化和政制改革當成是"一國兩制"的首要目標，其達成與否被視為"一國兩制"成敗的試金石、特區政府有否"認受性"的前提、香港能否保持繁榮穩定、香港人的"核心價值"能否得到守護、及中國政府是否切實履行對香港人的承諾的最高標準。同時，他們堅持香港走西方的民主道路，並通過香港對內地的影響，引領中國走向"和平演變"，結束中國共產黨的"一黨專政"，使中國在仿效西方的發展模式後成為西方世界的追隨者或附庸國。

然而，實際上，中國提出"一國兩制"方針的理由是要從現實和理性角度出發，讓中國能夠和平地與英國解決一個歷史上遺留下來、與中華民族的榮辱息息相關，但卻因為 1997 年這個歷史時刻的來臨而不能不正式處理的重大問題。這個方針是要讓中國恢復在香港行使主權後得以維持香港人對香港前途的信心、維護香港長遠的繁榮穩定、保持國際社會對香港的信心、讓香港在回歸後繼續發揮其對國家經濟發展的價值以至通過"一國兩制"在香港的成功實施發揮推動台灣回歸的戰略效用。"一國兩制"方針的首要目的是要同時照顧和促進國家和香港的利益，而不是單單為了香港的利益而制定。不少人英國人和香港人把"一國兩制"理解為向香港單方面傾斜的政策只是片面和錯誤的認識，甚至是刻意的和有政治意圖的"誤解"。

事實上，在"一國兩制"下香港人作為中國公民所得到的權力、權利和利益遠比內地同胞為多，但他們所須要承擔的責任和義務卻少得多。此外，儘管中國共產黨宣稱社會主義無比優越，但在處理香港前途問題上也不得不照顧現實，讓香港那種自由放任的資本主義經濟體系繼續得以保留。凡此種種，內地同胞恐怕難以完全理解或欣然接受"一國兩制"方針，更會覺得這種"厚香港、薄內地"的方針不公平。因此，正如鄧小平所說，提出"一國兩制"方針，在社會主義的主體下容許一個小規模的資本主義體制存在，確實需要一些膽略，而只有中國共產黨才有這份膽略。重要的是，香港的資本主義制度不能衝擊內地的社會主義制度。用鄧小平的話說：

"〔社會主義作為中國的〕主體是很大的主體，社會主義是在十億人口地區的社會主義，這是個前提，沒有這個前提不行。在這個前提下，可以容許在自己身邊，在小地區和小範圍內實行資本主義。我們相信，在小範圍內容許資本主義存在，更有利於發展社會主義。"[80]……"我們對香港、澳門、台灣的政策，也是在國家主體堅持四項基本原則的基礎上制定的，沒有中國共產黨，沒有中國的社會主義，誰能夠制定這樣的政策？沒有哪個人有這個膽識，哪一個黨派都不行。你們看我這個講法對不對？沒有一點膽略是不行的。這個膽略是要有基礎的，這就是社會主義制度，是中國共產黨領導下的社會主義中國。我們搞的是有中國特色的社會主義，所以才制定‘一國兩制’的政策，才可以允許兩種制度存在。……要保持香港五十年繁榮和穩定，五十年以後也繁榮和穩定，就要保持中國共產黨領導下的社會主義制度。……講不變，就要考慮整個政策的總體、各個方面都不變，其中一個方面變了，都要影響其他方面。……試想，中國要是改變了社會主義制度，改變了中國共產黨領導下具有中國特色的社會主義制度，香港會是怎樣？香港的繁榮穩定也會吹的。要真正能做到五十年不變，五十年以後也不變，就要大陸這個這個社會主義制度不變。"[81]

　　同樣重要的是，"‘一國兩制’也要講兩個方面。一方面，社會主義國家允許一些特殊地區搞資本主義，不是搞一段時間，而是搞幾十年、成百年。另一方面，也要確定整個國家的主體是社會主義。否則怎麼能夠說是‘兩制’呢？那就變成‘一制’了。有資產階級自由化思想的人希望中國大陸變成資本主

80　鄧小平，《鄧小平論香港問題》，第 29 頁。

81　同上，第 32-33 頁。

義，叫做‘全盤西化’。在這個問題上，思想不能片面。不講
兩個方面，‘一國兩制’幾十年不變就行不通了。"[82]

對此，前國務院港澳辦主任魯平有進一步闡述。他說，
"所以小平同志講要講‘兩個不變’。我們不會企圖去改變你
的資本主義制度，你們也不要企圖來改變我們的社會主義制
度……。"[83] 在這樣一個前提下，中國政府不會容許香港的民
主選舉產生一些能夠或威脅改變"一國兩制"方針在香港實施
的結果，因為那樣的結果會損害香港、中央和國家的利益，無
論那個選舉的辦法如何符合西方的"普世價值"和"民主原則"。

中國政府的根本立場，是在"一國兩制"下，內地和香港
必須相互尊重，雙方都不應該、也不可以試圖改變對方的制
度。那些意圖顛覆中國政府和改變中國共產黨在中國執政的現
實的行動更屬"大逆不道"，不可容許發生的事。不但如此，
香港還要利用它獨有的各種優勢包括其自由市場經濟體系、其
高度現代化和與國際接軌的各行各業、其作為世界貿易、服
務、金融、資訊中心的地位等為國家的發展發揮關鍵作用。只
有這樣，"一國兩制"才算是成功的方針；也只有這樣廣大內
地同胞才會欣然接受在同一個國家內香港人被賦予更多的權利
和利益。不過，即便如此，要說服內地同胞認同"一國兩制"
方針其實也不容易，但因為在 1980 年代初內地民意作為一股
政治力量尚在萌芽階段，所以中國政府在制定"一國兩制"方

82　鄧小平，《鄧小平論香港問題》，第 34 頁。

83　魯平口述、錢亦蕉整理，《魯平口述香港回歸》（香港：三聯書店，2009），第 27-28
　　頁。

針時沒有碰到難以克服的來自內地同胞的反對。[84] 可想而知，假如香港前途問題在今天才出現，中國政府能否提出一個對香港同等優厚的“一國兩制”方針，並得到內地同胞的欣然接受，實屬疑問。我個人的判斷是時移世易，絕不可能。

利益關係

這裏帶出另外一個課題，那就是香港人與中國共產黨之間的利益關係問題。不少香港人為了逃避中國共產黨領導的政府的管治而來到香港，或者在內地曾經因為大大小小的政治鬥爭運動而蒙受嚴重損失和傷害，對中國政府存有不少抵觸、逆反和懷疑情緒，容易得出這樣一個結論，那就是香港的前途會否美好取決於能否改變中共在中國執政的事實。香港的反對派就經常反覆向香港人灌輸這種似是而非的觀點。究其實，香港人之所以可以在同一個國家中獲得大大優於內地同胞的待遇，當然有不少原因，但其中最重要的原因，是因為在 1980 年代初這個歷史關鍵時刻中國共產黨和香港人之間出現重大的利益重疊。經過十年的文革浩劫，內地百廢待舉，為了推動國家的發展、提高人民的生活水平和重建中國共產黨的管治威信，中國

84　魯平曾解釋過遊說內地官員和民眾接受“一國兩制”並非輕而易舉的事。他說，“開始時，內地有些人對為甚麼給予香港這麼大的優惠想不明白，如財稅不向中央上繳，那時候上海、廣東負擔很重，為甚麼對香港那麼厚待？所幸後來大家都能理解中央的決策，從大局考慮，不是斤斤計較。制定《基本法》時，中央讓我們到各地去，給地方領導們講講中央對香港的政策，各地的省委書記、省長都非常支持，對這些，我很感動，鞭策自己更好地完成工作。”見魯平口述、錢亦蕉整理，《魯平口述香港回歸》（香港：三聯書店，2009），第 65 頁。

政府亟需轉變國家的發展策略，從着重意識形態和階級鬥爭，轉向經濟建設和全方位的現代化，當中"改革開放"乃新戰略部署的核心環節。香港前途問題碰巧在這個歷史時刻遽然出現。建國以來，在"長期打算、充分利用"的國策下香港對國家發展曾作出過巨大的貢獻。中國共產黨充分了解，以香港所具備的眾多優勢，香港肯定能夠在新時期和新條件下為國家的發展進一步發熱發光，因此才有以"一國兩制"方針解決香港前途問題的國策的制定。[85]

本質上，"一國兩制"方針乃"長期打算、充分利用"政策的延續，是在香港回歸中國後同一個原則和構想的進一步引申，都是為了同時能夠讓國家發展與香港發展有機地融合起來。所以，"一國兩制"方針是在中國共產黨和香港人在這個關鍵歷史時刻中存在的"共同利益"的基礎上形成的，是基於彼此的實際需要而制定的，因此是"互利共贏"的安排。"一國兩制"方針讓香港得以保持繁榮和穩定，而一個繁榮穩定的香港對中國的經濟發展有幫助，亦會讓中國共產黨得以通過國家的經濟發展和人民生活水平的提高而提升管治權威和鞏固執政地位。假如它只是來自中共對香港人的"恩寵"，則"一國兩制"的根基毫不穩固，任何風吹草動都會造成崩潰的危機。既然它是建築在堅固的實質、長期和重大利益基礎之上，則其生命力和持續力無可置疑。

有些香港人特別是反對派人士和懷抱"本土"與"港獨"

85　其實，"一國兩制"方針原來是為台灣回歸而醞釀出來，但因為香港前途問題迫在眉睫，所以先行在香港應用。

意識者認為即便如此，假如中國結束"一黨專政"而變成一個西方式的民主國家，則香港的前途和利益便會更有保障。這是背離現實政治發展的幼稚觀點。結束"一黨專政"不可能是一個平穩和順利的過程，揆諸前蘇聯和東歐國家的經驗，這個過程必然顛簸、艱辛和痛苦，國家和人民付出的代價將會異常沉重，而且能否"成功"也屬未知之數。香港是否經受得起中國政局動盪的折騰無人能夠說得準，但肯定香港人珍而重之的繁榮穩定必將告吹。

此外，就算中國已經建成為一個西方式民主國家，姑不論這是否真的對中華民族有利，但這個國家的政府能否取得全國人民的同意給予香港人特殊優厚的待遇呢？況且，中國國內發展不平衡的狀況不是短時期內可以改變，即使在"民主中國"下，香港人能否避免在"民選"的中國政府不能不制定的財富"再分配"和"平等化"的政策下保有自身的利益，也是未知之數。因此，無論從任何角度來看，中國共產黨領導下的中國政府的"一國兩制"政策才能為香港帶來清晰的前途和廣闊的發展前景。漠視中國共產黨和香港的"共同利益"，意圖改變中國共產黨在中國執政的現實只能是"搬石頭砸自己腳"之舉而已。

我想在這裏反復強調，從香港自身的根本和最大利益出發，"一國兩制"成功落實是至關重要的，因為它關係到香港的存亡繼續。任何試圖以香港在"一國兩制"下所享有的自由、權利和條件來改變內地的體制和中國共產黨在中國執政的事實，只會貽害香港，置廣大香港人的利益和命運於不顧。事實上，中國政府早已經發出嚴正警告，它對來自香港的威脅不會置之不理，必然會採取果斷手段保衛共產政權和國家的安全和利益。在此，最坦率的忠告來自鄧小平。[86] 鑒於其重要性和指導意義，我在這裏不能不詳加引述。他説，

"還有一個問題必須説明：切不要以為香港的事情全由香港人來管，中央一點都不管，就萬事大吉了。這是不行的，這種想法不實際。中央確實是不干預特別行政區的具體事務的，也不需要干預。但是，特別行政區是不是也會發生危害國家根本利益的事情呢？難道就不會出現嗎？那個時候，北京過問不過問？……中央的政策是不損害香港的利益，也希望香港不會出現損害國家利益和香港利益的事情。要是有呢？所以請諸位〔香港基本法起草委員會委員〕考慮，基本法要照顧到這些方面。有些事情，比如一九九七年後香港有人罵中國共產黨，罵中國，我們還是允許他罵，但是如果變成行動，要把香港變成一個在'民主'的幌子下反對大陸的基地，怎麼辦？那就非干預不行。干預首先是香港行政機構要干預，並不一定要大陸的駐軍出動。只有發生動亂、大動亂，駐軍才會出動。但是總得干預嘛！"[87]

前香港新華社社長周南憶述鄧小平曾經這樣講，"在起草〔《基本法》〕期間，鄧小平除了抓未來特區的政治體制外，還

86　鄧小平的講話至為直接、坦率，甚至"露骨"，很少中國領導人和官員對香港與中央和內地的關係有這樣明確的表述。回歸後，為了避免引起香港人的敏感反應，領導人和官員的談話一般比較隱晦，反而容易讓香港人產生不切實際的期望。

87　鄧小平，《鄧小平論香港問題》，第 36-37 頁。

着重強調了未來中央與特區之間的關係問題。他一再提醒：
'不能是中央政府無所作為，必要時要進行干預。如果把香港
變成反內地、反社會主義的基地，中央就要干預，不干預就越
搞越大。'這其實已經很明白地講清楚了中央與地方之間的關
係，是'必要的干預'和'高度自治'的辯證關係。"[88]

　　其他領導人也不斷重複這個論調。[89]

　　維持在一國下兩種制度互不侵犯、互利共贏的關係既然如
此重要，行政長官作為中國政府唯一的能夠銜接兩制和確保
"一國兩制"的目標在香港得以達到的人或"機制"便必須是
一個認同中國政府對"一國兩制"的定義、理解和目標及得到
中國政府充分信任的人。中國政府不會接受一個與中央對抗、
蓄意改變中國共產黨在中國執政的事實或對"一國兩制"有截
然不同理解的人當行政長官。引申下來，任何會產生這樣一個
結果的"普選"特首的辦法都不符合"一國兩制"的方針。關
於這一點，回歸前中國領導人甚少講到這個問題，原因是他們
並不擔憂它的出現。不過，鄧小平不愧是一位高瞻遠矚的人
物，對這個問題也委婉、間接提出過警告。他說，

88　見張春生、許煜編著，《周南解密港澳回歸 —— 中英及中葡談判台前幕後》（香港：
　　中華出版社，2012），第 176 頁。

89　前中共總書記江澤民也在 1996 年曾有類似的言論。他說，"一九九七年後中國內地
　　同香港實行一國兩制，你搞你的資本主義，我搞我的社會主義，井水不犯河水，河
　　水不犯井水。"見《中國領導人談香港》（香港：明報出版社，1997），第 31 頁。
　　前港澳辦主任和《基本法》起草委員會主任姬鵬飛在 1989 年說得更坦白："在政治
　　上，內地承認港澳長期保持資本主義制度的事實，不會把社會主義制度和政策推行
　　到港澳去；港澳也要尊重內地的社會主義制度，不要干預或企圖改變內地的社會主
　　義制度，更不允許有人利用香港作為顛覆中央人民政府的基地。"，見同上，第 36
　　頁。

"……對香港來說，普選就一定有利？我不相信。比如
說，我過去也談過，將來香港當然是香港人來管理事
務，這些人用普遍投票的方式來選舉進行嗎？我們說，
這些管理香港事務的人應該是愛祖國、愛香港的香港
人，普選就一定能選出這樣的人來嗎？……即使搞普
選，也要有一個逐步的過程，要一步一步來。"[90]

鄧小平相信，要成功落實"一國兩制"方針，香港必須由
"愛國愛港"的人來管理。

"香港人治港有個界線和標準，就是必須由以愛國者為
主體的香港人來治理香港。未來香港特區政府的主要成
分是愛國者，當然也要容納別的人，還可以聘請外國人
當顧問。甚麼叫愛國者？愛國者的標準是，尊重自己民
族，誠心誠意擁護祖國回復行使對香港的主權，不損
害香港的繁榮和穩定。只要具備這些條件，不管他們相
信資本主義，還是相信封建主義，甚至相信奴隸主義，
都是愛國者。我們不要求他們都贊成中國的社會主義制
度，只要求他們愛祖國，愛香港。"[91]

90　鄧小平，《鄧小平論香港問題》，第 35-36 頁。

91　同上，第 8 頁。

行政長官人選

　　然而，到了香港要探討行政長官普選產生的辦法時，這個行政長官不能與中央對抗的原則便不可避免地、鮮明地顯露出來。前基本法委員會主任喬曉陽於 2013 年 3 月明確指出，領導香港的人必須是愛國愛港的人，與中央對抗的人不能當行政長官。[92] 他說，

　　"不能允許與中央對抗的人擔任行政長官，是成功實施'一國兩制'的一項基本要求，從一開始就是明確的。""對抗是互為對手，你死我活"。"香港特區是中國的一個地方行政區域，直轄於中央人民政府，而不是一個國家或獨立的政治實體。行政長官作為香港特區首長和政府首長，最重要的一項職責就是維護好香港特別行政區與中央的關係，如果是一個與中央對抗的人，不僅難於處理好這個關係，而且還會成為中央與香港特區建立良好關係的障礙，這種人在香港執政，國家安全就沒有保障，'一國兩制'實踐可能受到重大挫折。按照基本法的規定，行政長官不僅要對香港特別行政區負責，而且要對中央人民政府負責，如果普選產生的行政長官是一個與中央對抗的人，怎麼對中央政府負責，基本法的規定怎麼落實？從這個角度講，行政長官必須由

92　喬曉陽於 2013 年在深圳在香港立法會議員座談會上的講話。

愛國愛港的人擔任，是一個關係到‘一國兩制’和基本法能否順利實施的重大問題，講的重些，是關係到‘一國兩制’成敗的重大問題。”因此，“不能允許與中央對抗的人擔任行政長官，這是設計香港行政長官普選方案的一條底線。守住這條底線，不只是為了國家安全和利益，從根本上講，也是為了維護香港利益，維護廣大香港同胞、投資者的根本利益。”

基本法委員會主任李飛在 2013 年 11 月對“行政長官不能是與中央對抗的人”這一觀點從法律觀點作進一步解說。[93] 他認為，

“從法律角度來講，堅持行政長官必須由愛國愛港人士擔任，是‘一國兩制’方針政策和香港基本法現行規定的要求。”這是因為“根據基本法的規定，香港特區實行高度自治，相比其他地方政府，香港特區得到中央的更大授權，因此，中央需保留行政長官的實質任命權。此外，行政長官作為香港特區首長和特區政府首長，是香港特區的重要政治機構，也是中央與香港特區關係的樞紐。”

基本法對行政長官所負責的職能有眾多的規定。

93　李飛，“全面準確地理解《基本法》，為如期實現普選 而努力 —— 在香港特別行政區政府高級官員座談會上的講話”（2013 年 11 月 22 日）。

“要落實這些規定，必然要求行政長官是愛國愛港人士，而不能是與中央對抗的人。一個不愛國愛港的人、一個與中央對抗的人，怎樣對中央政府負責？怎麼執行中央依法發出的指令？這樣的人擔任行政長官，基本法的這些規定就會成為一紙空文。”“按基本法第45條的規定，行政長官要由中央政府任命，這種任命是實質性的。如果普選時，香港不是選出一個愛國愛港的行政長官人選，中央政府怎麼任命他擔任行政長官？怎麼向他交託高度自治的權力？沒有任何一個國家的中央政府會允許一個不愛國的人、與自己對抗的人、要推翻自己的人擔任地方首長。如果做出這樣的任命，怎麼向全國人民交代，又會在香港造成怎麼樣的震盪？這些都是現實問題。”

穩定人心

在維持一國下兩制互不侵犯、互相尊重的前提下，在確保香港特區的行政長官是中央能夠信任和合作的人選後，“一國兩制”方針的另一重要目標是保持香港的繁榮穩定和對國家發展的價值和貢獻，其中的關鍵是穩定香港的人心，尤其是投資者的信心。中國政府深知香港的資本家和專業精英對中國共產黨和“九七”回歸的恐懼，為此，作出“保持香港原有的制度和生活方式不變”的莊嚴承諾便至為重要。

在中國政府的眼中，香港是一個自由開放的資本主義社會，而大部分香港人認同和支持這樣的一種社會經濟體制。在這種社會中，資本家或資產階級，特別是華人資本財團，擔當中流砥柱的角色，也是香港在回歸後能否持續經濟發展的要素。有些中方官員甚至以為香港的資產階級在殖民管治中擁有相當和實質的政治力量，而不太清楚在"殖民地"時期殖民政府與資本家那種含有政治和經濟分工性質的"非神聖同盟"的關係，更不太了解殖民政府所擔負的對利益分歧、矛盾嚴重和一盤散沙的資本家的微妙操控、居中調停、統籌斡旋的政治功能。他們不太明白一個具有相當的獨立性和超然性，並以照顧和平衡各階層利益為己任的政府對維持資本主義社會的有效運作和保障資產階級利益的重要性。假如政府完全受到資產階級的控制，其他階層的利益受損，資本主義體制會被群眾否定，社會和政治動盪便難以避免，而經濟發展也會不保。因為歷史的原因，香港作為自由開放的國際城市，其經濟體系中的資本構成十分複雜，英資與華資、外資內部、華資內部、內地資本和本地資本、大企業和小企業之間、不同行業之間的矛盾不少，再加上香港社會因貧富嚴重不均所滋生的階級衝突，一個身份"超然"並有能力和威望處理好各方面的矛盾和分歧的政府便十分重要。

然而，中國政府對這些道理起初不太了解。為了穩住香港的資本家對中央的"一國兩制"方針的信心，防止香港出現大量資金外流的情況，中國政府確信在推行民主化之時，資產階級和專業人士的利益必須給予高度的重視和照顧，而且需要在特區的政治體制和選舉辦法上體現出來。再者，由於英國人行將撤退，殖民政府過去主導和操控的利益分配格局將要失去它的"守護神"，香港內部將無可避免出現權力、利益和地位再分配的局面。商界和專業精英渴望改變過去"殖民地"時期他們屈從於殖民政府權力之下的狀況，要求在殖民管治結束後大幅提高他們的政治地位和權力。與此同時，香港的資產階級又面對來自因"九七"問題而冒起的反對派勢力的挑戰。資本家對香港實行民主化既疑慮又恐懼，深怕在民主政治下各種各樣的民粹主義、福利主義和政府對自由市場的"過度"規管會令自己的利益不保，而在社會上能夠代表和照顧資本家利益的政治勢力又付闕如。資產階級本身的組織渙散狀態、眾望所歸的商界領袖的缺乏、商界參政經驗的匱乏和資產階級長期在政治上對當權者的依附和依賴都讓他們引以為憂。有趣的是，"九七"問題既提高了商界和專業精英的政治野心，但又引發了他們的政治恐懼，而他們對反對派的恐懼，較諸對中國共產黨的恐懼更大。

商界和專業精英的憂慮、不安、期盼和訴求對中國政府造成巨大政治壓力。為了保存香港原有的資本主義體系，也為了穩住資產階級對香港的信心，中國政府不得不在政治上給予他們特別優厚的照顧。具體的照顧反映在兩方面。第一是讓商界和專業精英在選舉行政長官時有多於一般人的"話事權"，避免出現一位會令他利益受損的特首，確保最後選出來的行政長官是能夠充分理解和照顧資產階級的福祉的人。第二是在立法機關內長時間設立功能團體議席，讓商界和專業精英可以直接選拔自己的政治代表，因此不需要依靠社會上的各式政治勢力的支持和照顧，當然同時又免除了商界和專業精英自行組織起來參政和進行昂貴的政治投資的需要，讓他們得以享受來自特區政府和中央政府的"免費午餐"。這樣做不表示中國政府好像殖民政府那樣不願意看到商界和專業精英通過政治動員和參與選舉政治來保護自己的利益和更有力地支持特區政府。事實上，中國政府樂於見到商界和專業界積極參與香港政治並抗衡反對派的政治衝擊。否則的話，中央與特區政府便變成香港的資產階級的"守護神"，讓人覺得政府與資產階級沆瀣一氣，搞"官商勾結"，使得所有不滿資產階級的群眾壓力都投放到中央和特區政府的身上。不過，中國政府的勸諭並沒有得到商界和專業精英的積極回應。

其實，立法會的功能團體議席和選舉安排是由英國人首先提出來的。儘管中英之間在香港政治體制改革問題上很多事情都談不攏，但在藉助功能團體選舉來照顧商界和專業界的利益上彼此態度卻頗為一致。實際上，"功能團體"作為一個政治概念，在中國歷史上並不陌生。古代中國的政府經常要求各行各業組織起來並選派代表與政府周旋，目的是要讓政府得以更有效地管理和控制社會。當然，香港最後一任總督彭定康對"功能團體"賦予出人意表的定義，泯滅了精英選舉與群眾選舉的界線，但中國政府對功能團體的性質和意義卻甚為一貫，而且是借"混合選舉"模式和立法會"分組計票"的表決安排以達致"均衡參與"和"兼顧各階層利益"的首要手段。[94] 有趣的是，內地人士從來沒有對於功能團體選舉這一重大制度作詳細的闡述，只是扼要地肯定其作用。例如這樣説，"香港的另一個實際情況是，它所實行的間接選舉制度，能夠使社會各階層的代表通過不同的渠道進入立法局，反映他們的利益和要求。這種兼顧各階層利益的制度有利於香港的經濟繁榮和社會穩定。為此，香港特別行政區立法會的產生辦法吸收了過去某些行之有效的制度，如功能團體選舉方式，直接選舉與間接選舉相混合的選舉制度等。"[95] 當彭定康歪曲了功能團體的定義後，中方才做出較具體的説明。中方強調彭定康的政改方案違反了《基本法》，包括"改變功能團體間接選舉的性質，把功能團體選舉搞成變相直接選舉。"

> "功能團體選舉制度是港英政府根據香港的歷史及社會發展的實際情況提出，並於 1985 年開始實施的。其目的是保證對香港繁榮和社會安定有重要影響的財經界及專業人士能有代表進入立法局。在起草基本法時，中國政府考慮到香港政治體制發展的現狀，對這種選舉方式給予了肯定，並在基本法中規定香港特別行政區成立後

94　有關中國政府對香港特區立法會的選舉辦法的立場，可參考王叔文主編，《香港特別行政區基本法導論》（修訂本）（北京：中共中央黨校出版社，1997），第 264-270 頁；肖蔚雲主編，《一國兩制與香港特別行政區基本法》（香港：文化教育出版社，1990），第 197-204 頁；肖蔚雲主編，《一國兩制與香港基本法律制度》（北京：北京大學出版社，1990），第 278-288 頁；國務院發展研究中心港澳研究所編寫，《香港基本法讀本》（北京：商務印書館，2009）。

95　國務院發展研究中心港澳研究所編寫，《香港基本法讀本》，第 143 頁。

的頭三屆立法會保留功能團體選舉產生的議員。由於這
部分議員是由各法定的功能團體選舉產生的,所以很明
顯,它是一種間接選舉方式。港英政府在其法律文件中
也規定,功能團體選舉是間接選舉。"[96]

中方對功能團體的理解,是指那些重要法定的行業、職業
和專業的團體,是社會和經濟精英的彙聚的地方。當然,有時
出於權宜的考慮,一些地域性組織比如市政局、區域市政局和
區議會也被賦予功能團體議席。

"功能團體"的理念,同時也應用在選舉行政長官的推選
委員會、選舉委員會和在行政長官普選前組成、負責提名候選
人的提名委員會。在這些機構中,商界和專業精英占頗大的比
重。缺少了精英階層的支持,任何人都當不上行政長官。質言
之,香港特區的行政長官必須充分重視精英階層的利益和想法。

此外,根據《基本法》,立法會在表決"立法會議員個人提
出的議案、法案和對政府法案的修正案時,均須分別經功能團
體產生的議員和分區直接選舉、選舉委員會選舉產生的議員兩
部分出席會議議員各過半數通過。"這個"分組計票"的安排
讓精英分子擁有否決那些對他們不利的議案和法案的權力,從

---

96 見賴其之編,《關於香港94 · 95選舉安排問題會談的前前後後》(香港:廣宇出版社,
2004),第21頁。

而讓他們的利益得到有效的保障。[97]總之，功能團體議席的設置是為了讓精英分子享有較大的政治影響力，把他們挽留在香港，進而保持香港原來的資本主義體系的完整。中國政府由始至終都沒有意圖在回歸後把香港變成西方民主的試驗場或示範區，也不介意香港的政治體制與西方民主理論相悖。無須諱言，從政治平等的角度看，功能團體議席的設置不符合一般理解的民主選舉原則和理想，在某些方面甚至蔑視西方民主理

---

[97]　按照《基本法》附件二，"香港特別行政區立法會對法案和議案的表決採取下列程序：政府提出的法案，如獲得出席會議的全體議員的過半數，即為通過。立法會議員個人提出的議案、法案和對政府法案的修正案均須分別經功能團體選舉產生的議員和分區直接選舉、選舉委員會選舉產生的議員兩部分出席會議議員各過半數通過。""分組計票"是在中國政府不接受一些人提出的"一會兩局"（即一個立法會內有兩個權力相當的，分別由分區直選與選舉委員會一方和功能團體作為另一方選舉產生的議員組成的"分局"）的建議後提出的。背後的理據甚為明顯。"香港特別行政區政治體系的一個重要原則，就是要兼顧社會各階層的利益，使各階層有參與政事的機會。而他們的代表在立法會行使權利的時候，應儘量保持均衡參與，以使他們的意見、利益得到有效的反映。目前，〔殖民地〕香港立法局有 20 個議席以委任方式產生，委任議員的一個作用就是維持立法局內的均衡。將來特別行政區立法會不能有委任議員，採用分組計票就是用立法程序保證各階層均衡地發揮作用。由於功能團體選舉、分區直接選舉、選舉委員會選舉產生的議員，他們衡量事情的角度不同，可能會提出不同的議案。在立法會中要保持他們的相對獨立性，維持各自的均衡性，分組計票是比較適宜的。如對議員提出的議案進行分組計票，投票意見一致，反映了社會各階層對此問題有相當的共識。如不一致，通過協商，尋求一致，從而必然比某一方面議員作出的決定更為完善，有利於立法會通過的議案照顧到社會各階層利益。"見王叔文，《香港特別行政區基本法導論》，第 273 頁。

念。[98] 但假如把香港的政治體制和選舉安排視為"一國兩制"所要達到的目的的工具的話，則功能團體的存在便是順理成章的部署。

維持政治和社會穩定

中國政府對香港民主化的立場的另一重大原則，是要維持香港的政治和社會穩定。周南憶述，"《香港特別行政區基本法》起草過程中鄧小平一再強調：在制定政治體制的問題上，保證穩定的考慮是第一位的。"[99] 在總結殖民管治的經驗後，當然也是為了保持香港原有的制度和生活方式不變，中國政府斷定維持"殖民地"的"行政主導"模式對實現有效管治最有利。一開始中方便摒棄了立法機關主導的"議會制"和所謂"三權分立"體制。鄧小平早指出，"香港的制度也不能完全西

98 香港的民主派人士和學者從不間斷地否定和譴責功能團體選舉，認為不符合"一人一票一價值"（one man, one vote, one value）的普世價值，實際上無視"一國兩制"的目的和香港的政治現實。見 Christine Loh and Civic Exchange (eds.), Functional Constituencies: A Unique Feature of the Hong Kong Legislative Council (Hong Kong: Hong Kong University Press, 2006)。香港學者馬嶽對功能團體選舉的批判在反對派中頗有代表性。除了肯定其不公平性外，他進而指出"功能界別制度已經成為特區政府認受性危機的根源之一，而法團主義式的架構亦令社會資源配置傾斜，對香港社會和經濟發展帶來深遠影響。由於功能界別議員的議會行為，受其選舉競爭程度、界別封閉性和選民多少影響，如果未來將功能界別選舉改革至'普及而平等'的性質，'功能'議席各類的政治效果都將改變，並不能滿足中央最初的政治目標，而成為'非驢非馬'的'代表'制度。與其改頭換面的進行'改革'，盡速部署取消功能界別，令立法會儘快邁向全面普選，應該是對香港最有利的政治安排。"見馬嶽，《港式法團主義：功能界別 25 年》（香港：香港城市大學出版社，2013），第 4 頁。

99 見張春生、許煜編著，《周南解密港澳回歸 —— 中英及中葡談判台前幕後》（香港：中華出版社，2012），第 174 頁。

化，不能照搬西方的一套。香港現在就不是實行英國的制度、美國的制度，這樣也過來一個半世紀了。現在如果照搬，比如搞三權分立，搞英美的議會制度，並以此來判斷是否民主，恐怕不適宜。"[100] 實際上，在中國政治思想史中，在"大一統"和"中央集權"等根深蒂固的觀念影響籠罩下，從來就沒有"三權分立"的概念。"三權分立"很容易被理解為權力分割並相互對立，對建立強勢領導和維持政治穩定不利。"行政主導"的意思其實很簡單，就是說行政長官和行政機關的權力、地位和聲譽高於立法會和司法機關。行政長官除了是行政機關的首長外，也是整個香港特別行政區的首長。他除了要遵守《基本法》外，也有責任確保立法機關和司法機關按照《基本法》辦事，從而讓"一國兩制"得以在香港全面準確落實。在"行政主導"下，制定公共政策和任命官員的權力主要掌握在行政機關的手上。不過，為了體現民主，行政機關也需要受到約束和制衡，立法會因而被授予實質的否決政府提出的法案和財政預算案的權力。之所以要提升立法機關的權力，目的在於讓香港特區的政治體制比"殖民地"的政治體制有較高的民主內涵。

誠然，"行政主導"一詞並沒有在《基本法》內出現，但對於起草《基本法》的委員來說，那是因為"行政主導"的內

100　鄧小平，《鄧小平論香港問題》，第 35 頁。

容已經體現在整個《基本法》之中，因此是不言而喻的東西。[101]
在中國政府的眼中，"就政治權力而言，'主導'至少有兩層含義：一是起主導作用的權力具有主動性，而不只是對其他權力的被動回應；二是公共決策最終結果反映了這種權力所體現的意志。……'行政主導'主要對立法的關係而言。所謂行政主導，是指行政權相對於其他權力，特別是立法權而言佔有優勢，公共決策的最終結果掌握在行政首長手中。""與立法主導不同，行政主導是以行政首腦及其所領導的行政機關為公共權力中心的一種政治體制。"[102]

理論歸理論。由於中國政府不願意在香港發展政黨政治，更不願意讓政黨領導特區政府，但卻又同時給立法會否決政府的法案和財政預算案的權力，如何確保特區政府能夠在立法會內有足夠的支持便是重要考慮。畢竟，如果沒有立法會的穩定和大多數議員的支持，"行政主導"便是空談。[103]中國政府的處理辦法並不是要成立一個同時領導行政機關和立法會的"執

101　當內地官員、專家和學者論述《基本法》時，經常把"行政主導"一詞掛在口邊。舉例說，2007 年 6 月 6 日，吳邦國委員長在紀念香港《基本法》實施十周年座談會上強調指出，"香港特別行政區政治體制的最大特點是行政主導。"他進一步指出，在這一以行政為主導的政治體制中，"最重要的就是行政長官在特別行政區政權機構的設置和運作中處於主導地位，……這套政治體制既保留了香港原有政治體制中行之有效的部分，也適應了香港回歸祖國後的現實需要，是實現'港人治港'、高度自治最好的政權組織形式，全面準確地把握這一點，對於保證'一國兩制'方針和基本法的貫徹實施，正確處理香港特別行政區行政、立法和司法三者的關係，也是至關重要的。"

102　國務院發展研究中心港澳研究所編寫，《香港基本法讀本》（北京：商務印書館，2009），第 109-110 頁。

103　見劉兆佳，"行政主導的政治體制：設想與現實"載於劉兆佳編，《香港二十一世紀藍圖》（香港：中文大學出版社，2000），第 1-36 頁。

政黨＂，而是採用另外兩個辦法。[104] 其一是起碼在特區成立的頭十年讓大部分立法會議員的選民的社會背景與選舉行政長官的選民的社會背景相像，主要是屬於精英階層的人士，讓行政長官的施政路向和政策取向能夠較容易獲得大部分立法會議員的支持，避免出現行政立法抬杠的局面，並使有效管治得以實現。為此功能團體議席的設置便是重要手段。其二是防止立法會內出現一股能夠控制立法會，但又不受行政機關羈縻的力量或政黨，不然立法會便會＂反客為主＂，以其所擁有的否決權力＂反制＂或＂削弱＂行政機關。在立法會的地區直選中使用比例代表制便是要達到這個目的，因為它容許社會上不同黨派，包括小黨派，有較大的機會進入立法會。回歸以前，在＂殖民地＂的代議政制下，地區直選所採用的是英國行之已久的＂單議席單票制＂（first-past-the-post system），這個制度的特點是容許一個只得到少數選票的政黨取得大部分議會的議席。過去的選舉經驗顯示，由於較多選民支持反對派的候選人，假如採用＂單議席單票制＂的話，則大部分地區直選的議席便會落入反對派候選人的手中，讓他們得以公開宣稱他們是香港人的代表，並利用這個＂身份＂衝擊那位被他們批評為＂親北京＂和沒有人民＂授權＂的特首。從長遠的發展看，當日後全部立法會議員以普選方式產生，而香港的基本政治生態沒有顯著改變的話，則大部分立法會議席會由反對派控制，屆時特區政府面對的管治困難實非筆墨所能形容。

104　見劉兆佳，＂沒有執政黨的政黨政治＂載於劉兆佳，《回歸後的香港政治》（香港：商務印書館，2013），第 160-199 頁。

全國人大常委會於 1996 年成立香港特區籌備委員會，負責籌備成立香港特別行政區的事宜。籌委會旋即成立香港特區第一屆立法會產生辦法小組，對回歸後立法機關的選舉辦法進行探討。我是該小組的港方召集人，內地召集人是許崇德教授。在小組討論期間，"單議席單票制"完全不在考慮之列，因為它對"愛國愛港"力量在分區直選中爭取議席甚為不利。剩下來的只有兩種辦法。其一是"多議席單票制"，另外是"比例代表制"。

"多議席單票制"當年在日本和台灣被應用，在其他地方則罕見。政治學者對這個選舉辦法頗多批評，認為是派系政治和金錢政治的淵藪。然而，大部分小組委員卻鍾情於此制，覺得可以迫使反對派候選人相互競爭，甚至"自相殘殺"，削弱其團結性，當然"愛國愛港"力量亦會同樣"受害"。我個人卻認為"比例代表制"是歐洲國家以至其他地方廣泛採用的地區選舉辦法，其"公平性"和"公信力"無可置疑。在這個制度下，雖然"愛國愛港"力量起初只能取得小部分地區直選的議席，但隨着他們力量的壯大，將來多拿一些議席的機會還是有的。可是，恰恰就是這個看法讓大多數小組委員對"比例代表制"沒有好感。他們認為，這個制度會讓反對派將來即使走向衰落，他們依然可以取得一定比例的立法會議席，從而保住其政治影響力。也有人擔心"比例代表制"會催化政黨的發展，與中國政府不鼓勵政黨政治的初衷背道而馳。最後，還是中央政府力排眾議，選擇了"比例代表制"。中央這樣做當然不表示它向政黨政治開綠燈，而是因為這個制度的普遍"認受性"。

再者，既然"比例代表制"容許小黨派也有廁身立法會的機會，則出現一個大黨主導立法會的機會不大，不會出現個別黨派對"行政主導"作出挑戰。從另外一個角度看，當行政機關要面對立法會內眾多黨派時，要凝聚穩定和大多數議員的支持亦非易事，但由於大部分議員尤其是功能團體選出來的議員與行政長官有共同的社會支持基礎，則爭取立法會對政府的擁護應該並非難事。簡單來說，在中國政府的"樂觀"構思中，功能團體選舉和"比例代表制"都不是對政黨發展"友善"的制度安排，它們的主要功能是要強化"行政主導"，防止立法會因被反對派操控而成為與行政機關對立或對抗的政治勢力。[105]當"比例代表制"在回歸後具體實施時，由於它同時容許以"團體名單"或"個人名單"參選，即政黨與個人皆可參選，因此實際上"香港式"的"比例代表制"是一般所理解的"比例代表制"和"多議席單票制"的混合品，從而更具分化政治力量

---

[105] 一些研究香港政治的學者對"比例代表制"沒有好感。他們認為這個制度的目的是為了減少反對派在立法會的議席數量，從而強化建制力量在功能團體選舉制度下本來已經享有的巨大政治優勢。他們批評"比例代表制"縮小政黨的發展空間，又導致立法會內的政治勢力四分五裂，增加特區政府管治的困難。馬嶽和蔡子強對香港的"比例代表制"曾進行研究，見他們的《選舉制度的政治效果：港式比例代表制的經驗》（香港：香港城市大學出版社，2003）。關信基在該書的序言中總結了兩位作者的觀點，"作者們認為，制度影響的結果是一個雙輸的局面。局面的特徵是（1）政黨不能健康發展，反而在公眾眼中產生'成事不足、敗事有餘'的形象；（2）立法會四分五裂，無法發揮代表社會利益、影響政府決策、監督行政機關的角色；（3）行政與立法之間關係緊張，導致立法工作和公民資源使用方面的虛耗；（4）行政高層雖然號稱'主導'，實在缺乏民意基礎、立法會穩定多數的支援、和廣泛社會組織的合作，最終是'議而不決決而不行'。……〔作者們〕說，香港實行比例代表制，並不像西方那樣帶來政黨的強化。"我的看法是，造成那些政治現象出現的原因與香港的歷史和政治生態有關，選舉制度的影響只屬次要。部分現象比如說政黨政治落後在學者眼中乃比例代表制的弊端，但在中國政府"兩害權其輕"的宏觀考慮下卻恰恰是比例代表制的"優點"。

的效果。

　　在中國政府思考香港的民主發展的步伐時，所持的立場是"根據實際情況"而"循序漸進"的原則，不希望因為過快的民主化而招致政治不穩定，這與中國政府以"維穩"為處理香港前途問題的大前提若合符節。中方的理據是香港人在一個半世紀的殖民管治下從來沒有民主自治的經驗，更沒有與之相關的制度、組織、領袖、文化和行為條件以至心理準備，急遽的民主發展必然會帶來政治衝突和震盪，不利於"一國兩制"的實施。上世紀五十年代後各個西方國家的殖民地在獨立後的相當失敗的民主實踐帶來了慘痛和深刻的教訓。除了以軍人執政、個人獨裁或一黨專權告終外，民主政治又遺留了一大堆經濟和社會難題。中國政府對此頗有體會。更重要的原因與回歸前香港的政治形勢有密切關係。長期以來，在殖民政府的打壓和主流社會的排斥下，"愛國愛港"力量發展落後、群眾基礎薄弱、領袖人才匱乏、政治影響力有限。相反，在"恐共"氣氛彌漫和英國人的推波助瀾下，反對勢力桀驁不馴，氣焰囂張。過快的民主發展步伐只會為反對派提供奪取特區政權的機會，嚴重威脅"一國兩制"的實施，更會觸發香港人與中央的對抗。中國政府認為需要通過一段頗長的時間，並且在適當條件配合下，香港的"人心回歸"和"愛國愛港"力量的壯大才有可能，屆時才會出現民主發展與"一國兩制"的實施相輔相成的局面。回歸後的首要工作不是民主改革，而是強化特區政府的管治能力、保持香港的穩定和強化香港人特別是年輕人對國家的向心力。

　　為此，《基本法》規定了香港特區頭十年的行政長官和立法會的產生辦法，務求在這段時間內把"民主改革"剔除在公共議程之外，好讓香港各方面能夠聚精會神搞好經濟建設和推進社會發展。在此期間，精英階層通過選舉委員會和功能團體選舉辦法得以主導選舉的過程和結果。十年以後，香港仍然要以按部就班的方式推進民主發展，不能操之過急。當然，為了回應香港人的民主訴求，為了減少特區政府因民主化問題所承受的政治壓力，中國政府分別在 2005 年、2007 年和 2010 年同意讓香港的兩個選舉辦法向前邁進。中央甚至在 2007 年承諾允許香港在 2017 年普選行政長官，並讓立法會緊隨其後全面由普選產生。所謂"循序漸進"，實際上是讓精英階層在特首和立法會的選舉中的角色不斷淡化，並讓群眾的角色不斷加重。不過，中國政府沒有硬性規定民主發展的時間表和路線圖，一切須按實際情況是否對"一國兩制"的實施有利而定。然而，由於民主改革需要通過香港本地立法、更需要全體立法會議員的三分二大多數同意才可推行，中國政府也不能保證立法會一定會通過有關的法律，所以甚麼時候香港會進行行政長官和立法會的普選不是中國政府一方可以說了算。

　　中國政府對香港推行民主化的誠意是應該得到肯定的。事實上，中國政府認識到盡可能滿足香港人的民主訴求，對維持香港的穩定有利，對提升特區政府的政治威望有利，也對改善中央與香港人的關係，促進"人心回歸"有利。但促進民主發展和"原來的制度和生活方式"其實存在矛盾。既然任何政制改革的方案都須要得到行政長官和全體立法會議員的三分二大多數的同意才可實行,則保守力量便比較容易集結力量來阻撓香港的民主發展。但實際的情況卻頗為吊詭。一方面,過去的經驗是反對派認為特區政府提出的改革步伐過慢而否決之,遂令政制發展"原地踏步"。另一方面,回歸後"一國兩制"的實踐經驗令中國政府對香港的民主發展疑慮重重,寧願穩妥一點,絕不容許出岔子,否則不但香港的繁榮穩定不保,搞得不好香港還會變成各方力量雲集的"顛覆基地"。

對中國政府而言,有幾條經驗特別重要。首先是各種反對中央的力量在回歸後即便失去了英國人這個"靠山",但在部分香港人的"恐共"情緒揮之不去的陰霾下,依然具有相當的政治能量。反對派的黨派的總體實力雖然有所下降,而香港人對他們的信任和支持又今非昔比,但相對於"愛國愛港"力量而言在民意、輿論和選舉等方面仍佔優勢。過快的民主改革對"一國兩制"的落實和特區的有效管治沒好處。其次,香港人雖然已經基本上放棄與中央對抗的念頭,而且也不願意支持那些打着鮮明反共旗號的政治勢力,但不少人對中央、對中國共產黨始終持有戒心,渴望香港的政治勢力能夠照顧他們的利益和適當地制衡中央和特區政府。近年來,香港與內地越來越頻繁的經濟互動和兩地同胞越來越密切的來往與接觸衍生了不少新問題,導致兩地同胞的摩擦日甚一日。地方主義傾向、"港獨"意識、排斥內地同胞的情緒在年青一代明顯抬頭,與中央"對抗"和詆毀內地同胞的言論和行為有所滋長,而對內地同胞的抵觸情緒往往又演化為對中央和特區政府的不滿。這些新情況的出現,讓反對派有可乘之機。

　　第三，回歸後因為經濟低迷、房屋價格飆升和個人發展機會不足，加上貧富懸殊惡化和年輕人對西方價值的認同，製造了不少不滿特區政府的情緒，也觸發了許多針對特區政府的抗爭行動，令特區的管治不時響起警號。第四，中央在 2003 年後所制定的各種"惠港"政策和措施起初帶來了促進兩地之間、香港人與中央之間的良性互動的效果。不過，這些效果隨着時間的過去正在逐步減退。要構思一批新的、有效的"惠港"政策絕非易事。相反，兩地經濟合作所帶來的好處沒有能夠在不同社會群體中平均分配，反而集中在一些既得利益者（商界、金融界、旅遊和高端服務提供者）的手上。部分香港人感到自己的日常生活和居住環境受到破壞，原來的對內地的"優越感"受挫，對內地同胞的反感和怨氣亦油然而生。

　　第五，"愛國愛港"勢力仍然是"一盤散沙"，在社會上的話語權和在政治上的影響力仍然不足。"愛國者"治港的目的遠未達到。這種情況在 2012 年的行政長官選舉後更為惡劣，"愛國愛港"陣營內互相撻伐的事例層出不窮。任何進一步的民主改革只會讓反對派勢力進一步壯大，對"一國兩制"的實施不利。第六，回歸後特區的管治困難重重，處處受制，難以通過良好施政和推動經濟發展來凝聚香港人的支持和信任，更無法以自身之力來改變香港的政治生態和格局。最後，由功能團體選舉產生的立法會議員發揮無可替代的穩定作用，基本上印證了中央在起草《基本法》時對功能團體選舉的政治期望。假如沒有這些議員，許多政府提出的法案和財政預算案將難以在立法會通過，立法會會成為與中央和特區政府對抗的舞台，而行政機關也會受到立法機關的處處掣肘。"行政主導"固然不可能,特區的繁榮穩定也岌岌可危。毫無疑問,功能團體選舉在中央的思維中越加關鍵,中央愈來愈相信功能團體乃落實"一國兩制"和保持香港的繁榮穩定的基石。不少中央官員確信,在香港的民主化過程中,必須保存功能團體的"不可取代"的積極作用。一言以蔽之,中國政府的顧慮和擔憂不可避免地影響到它對香港進一步發展民主的態度,實際上變得更慎重和保守。[106]

總而言之,中國政府對香港民主發展的立場主要從實用主義出發,希望民主改革能夠有利於穩定人心和"一國兩制"目的的達致。即便如此,中國政府由始至終對香港的民主改革持審慎和保留的態度,生怕搞得不好對香港和內地造成無法挽回的損害。中方不斷權衡國外、國內和香港局勢的變化而調校其對香港民主化的態度,因此就算促進香港民主發展的基本立場不變,但在實際處理香港的政制改革問題時卻出現時鬆時緊的情況,導致中央與香港人在政改問題上屢次發生齟齬。

回歸後,中央在香港問題上的對手不再是英國人,而是以"民主派"或"泛民主派"為首的香港各方面的反對勢力。[107]儘管相對於英國而言,香港的反對勢力不算強大,但由於中央在回歸後奉行"不干預"香港內部事務的政策,甚少針對香港

---

106 見劉兆佳,《回歸十五年以來香港特區管治及新政權建設》(香港:商務印書館,2012)。

107 原來只有"民主派"一詞,但隨着"民主派"不斷分裂,鴻溝日深,有些人強調自己才是真正的"民主派",並詆醜其他人為民主運動的"背叛者"。自稱為民主派的人於是創造了"泛民主派"一詞作為聯繫"民主派"各個山頭的標籤和工具。

民主化問題闡明中央的看法，加上香港人的"疑共"心態仍未消失，導致中央在政改問題上的話語權和說服力逐漸下降，並在反對派的步步緊逼下陷於被動。另外，特區政府為了提升民望和減少施政阻力，有時候也會在明知對自己的管治不利下主動要求中央回應香港人的民主訴求，甚至隱晦地"動員"民意向中央施壓。當然，中央在香港政制發展問題上既然擁有主導權和決定權，它有能力抵擋來自香港的壓力，但卻在形格勢禁的環境下不得不做出事後一些人感到是"過多"的讓步和妥協。承諾香港可以在 2017 年舉行行政長官普選便是一例。當中除了來自反對派的壓力外，來自特首曾蔭權的催促也不少。儘管如此，中央的回應和反對派的要求之間的鴻溝依然難以縫合，中央與反對派之間的鬥爭不斷，香港回歸後的政治混亂和管治困難與此關係甚大。

第四章　內部爭鬥和共識的匱乏

在香港民主化的過程中，毫無疑問中英政府是主導因素，香港內部的因素只居於次要位置。當然這不是説香港人在推動香港的政制發展中不發揮作用，只是表示相對於中英政府的力量而言，香港人的影響力較為有限。假如沒有香港前途問題的提出，即便香港在 1970 年代開始已經出現一些要求開放"殖民地"政權的呼聲，殖民政府出於保衛其政治壟斷權力的動機，和顧慮到中國政府的反應，恐怕也只會進一步調整其管治風格和改善其行政手段以作應對，務求讓政府更"接近"群眾及令公共政策更能滿足香港人的需要而已。憲制性的"讓權"措施應該不會出台，尤其不會以普羅大眾為"讓權"的對象。就算因為香港急遽的社會和經濟變遷而產生不少新的政治訴求，而這些訴求又得不到殖民政府的有效回應，香港應該只會發生更多的與爭取個體利益和改革個別公共政策有關的社會行動和衝突，但明確要求大幅和徹底改變"殖民地"政治體制的政治要求和行動應該不會出現，即便出現也力量有限，而且也不會得到廣大香港人的支持。與此同時，我猜想中國政府在"長期打算、充分利用"的對港政策下也不會容忍殖民政府在香港搞"還政於民"的政制改革，因為這會讓"反共"勢力得以在政治上冒起，不只危害香港的經濟發展和社會安定，對內地的政治穩定和國家的外交工作也不利。所以，絕大部分的香港人儘管對殖民政府的管治有不滿，但由於香港不可能獨立，而回歸中國又不是選項，恐怕只會以逆來順受的犬儒心態（cynicism）繼續做"殖民地"的"順民"。

　　然而，香港前途問題的"橫空出世"徹底改變了局面。香港人的民主訴求因香港前景的不明朗而陡然增加。為了穩定人心、維持殖民政府在回歸前餘下日子的有效管治和達致"光榮撤退"的目標，英國人有相當誘因在香港推行民主化。中國政府為了增強香港人對香港前途的信心和彰顯回歸後的香港享有更大程度的民主，同樣有在香港推行民主改革的理由。應該說，香港的民主化過程源於**"九七"問題**，也由"九七"問題啟動，而不是來自香港內部的因素或動力。不過，我在前面的論述中已經指出，中英兩國政府在思考和部署香港的民主化進程時，它們考慮的不單是香港人的訴求，更重要的是兩國的根本利益和兩國之間的關係。當然，兩國政府在香港民主化問題上的分歧、爭議、合作和對抗使得香港的民主化過程顛簸不平，但卻同時讓香港人特別是反對派有機會利用中英政府之間的矛盾來爭取更多一些的政制改革。然而，香港人對民主發展的意見和利益的分歧嚴重削弱了香港本已不算強大的民主運動，也削弱了香港人在香港民主化過程中所能扮演的角色。總的來說，香港民主化的步伐、內容和節奏主要由中英兩國政府和它們之間的矛盾所決定，但香港人所擔當的一定角色也必須予以肯定。[108]

在探討香港的內部因素在其民主化過程中的作用時，我們
需要從大量複雜紛紜的政治事件和行動中通過認真分析提煉出
幾個重要現象來深入觀察。我認為，比較重要的現象是保守勢
力的強大、香港人的矛盾和猶豫的民主觀及民主力量的薄弱。
這些現象的存在，與香港過去的懷柔殖民管治歷史和中英兩國
的強勢主導有密切關係。總的情況是，香港內部的確因為前途
問題而滋生了一定的民主訴求和建基於這些訴求的民主力量，
但香港的民主運動卻因為保守力量的強大、群眾對民主的猶豫
和疑慮、香港人仍然明顯的政治無力感和反對派的分化內訌與
不恰當的策略運用等因素而難以取得它所希冀的成果。不過，
即便如此，雖然難以成為執政者，但民主力量在香港始終有它
生存的空間和條件，是香港政治環境中"永久"的"固有物"
（fixture）。結果是，回歸前民主力量與保守力量與中英政府、
回歸後與保守力量和中國政府之間的鬥爭不會停止，有些時候
甚至會極為激烈，民主化和政制改革遂成為香港在回歸前和回
歸後的"永恆"政治議題，不斷地和時起時伏地掀起陣陣的政
治波瀾，對香港的管治、穩定和發展帶來無窮的衝擊。這裏不
是說香港內部有重要政治力量要"凍結"香港的民主化進程，
或者甚至要走回頭路，而是說不同力量對民主化的速度和方式

108　部分學者認為應該對香港人的角色作更高的評估，特別是香港人中的保守力量對阻
　　礙民主化的作用。例如見 Alvin Y. So, *Hong Kong's Embattled Democracy: A Soci-
　　etal Analysis* (Baltimore: The Johns Hopkins University Press, 1999)。他們認為這
　　些保守力量對中英兩國政府的影響力不可小覷。我個人認為相對於中英兩國的國家
　　利益而言，香港保守力量的重要性無需高估。就算沒有這些保守力量，我想中英政
　　府也不會讓香港走向全面而非局部民主化的道路。

有不同的立場，它們彼此間的利益矛盾和互不信任導致在政制改革問題上要形成"前進"的共識異常困難。

強大的保守勢力

籠統來說，香港的保守力量並非一股團結和有高度組織與動員能力的力量，事實上其內部的利益矛盾、人事傾軋和立場分歧頗為嚴重，但他們卻因為不同原因而對民主改革持懷疑和保留的態度。保守力量的主要組成部分有三：第一是"殖民地"內的主流政治、社會和經濟精英，主要人物乃商界和專業界的翹楚。他們也可以被稱為**"舊建制精英"**。[109]他們盤踞在社會各個領域，掌握着經濟資源、社會地位和政治影響力。他們與殖民政府衷誠合作，以"小夥伴"和"同路人"身份支撐殖民管治。我在前文談過，這些精英在政治上高度依附殖民統治者，得到英國人的政治"庇蔭"，和一般香港人頗為疏離，群眾基礎薄弱。英國決定於 1997 年撤離香港後，原來培植、抬捧、"團結"和整合這些主流精英的殖民政府再也難以擔當這些關鍵角色，主流精英的政治地位和影響力驟然下降，挑戰者趁勢而起。更難堪的是他們在香港的"代表性"甚至受到刻

109　"舊建制精英"是對比"新建制精英"而提出的。在"殖民地"時期，原本只有一種精英分子，那就是英國人精心培植的、支撐殖民管治的華人精英"同路人"。不過，在殖民管治結束前，為了平衡這些愈來愈不可靠的主流精英和尋找新的政治"盟友"以反制中國政府，英國人開始拉攏一些民主派人物進入立法局和其他的諮詢組織。這些反對派分子在當時應該被稱為"新建制精英"。回歸後，民主派分子當然不再是建制精英，反而在回歸前被殖民政府和主流精英排斥和打壓的傳統"愛國"和廣義的"愛國愛港"力量成為建制勢力，也即是說成為香港特區的"新建制精英"。

意在香港推行"代議政制"的英國政客的質疑。主流精英雖然逐漸陷入分裂渙散狀態，但整體實力仍然非常強橫，而他們在價值觀和政治立場上仍有頗多共通之處。

英國人過去一個半世紀的懷柔管治孕育了這個龐大的既得利益精英"集團"。在尋找維持其利益、地位和影響力的過程中，部分人轉向擁護中國政府，其他人則儘量想方設法抵禦其他新冒起的政治力量對他們的衝擊。香港回歸中國本來意味着這些主流精英的衰落，但在維持香港現狀和保持香港對中國的經濟價值的大原則下，中國政府對這個龐大的精英"集團"十分重視，確信他們是香港繁榮穩定的基石，所以對他們進行大力的籠絡和統戰，承諾保障他們的優越地位和權利。對這些主流精英來說，新興的反對派勢力比中國共產黨更"可怕"。中國政府的允諾雖不可盡信，但卻仍有可信之處。由於他們在香港擁有巨大的利益，除了那些因為沒有信心而遠走他方的人外，大部分人都願意留下來。他們雖有"恐共"情緒，但卻不相信與中國政府對抗是維護自己的利益和地位的有效手段。部分人甚至期盼在"港人治港"、"高度自治"下過渡成為"治港"的精英。在政治上，"九七"問題對他們既是"危機"，但也是"機遇"。畢竟，在英國人底下，他們不能掌握管治香港的權力，有屈居人下之歎。中國政府的"一國兩制"方針讓他們有機會掌握他們從未真正掌握過的管治香港的權力。《基本法》所規定的行政長官和立法會的選舉制度讓那些擁有財富和社會地位的精英獲得他們前所未有的政治權力和地位。

因為這些主流精英已經得到中國政府的照顧和重視，他們並不需要依靠和動員香港人來維護自己的利益。事實上，他們缺乏組織手段去發動群眾，也不相信動員群眾向中國政府爭取是保衛自身利益的有效途徑，反而害怕因此而觸怒中國政府。更重要的，是發動群眾對自己不利，因為他們必須願意犧牲自己的經濟和政治利益，同意滿足群眾的民粹和福利訴求，才有機會取得群眾對自己的支持。因此，香港人因"九七"問題而上升的民主訴求，以及隨之而來的福利訴求和民粹情緒，對主流精英來說是嚴重的政治威脅。香港的愈來愈嚴重的貧富懸殊問題和社會上隱約出現的一些要求政府採取財富和收入再分配的聲音更讓主流精英感到如芒在背，促使他們對民主改革採取更謹慎的態度。民主化同時亦意味着"反共"勢力的抬頭和由此而衍生的香港人與中國政府的衝突與對抗，對香港政治的穩定和經濟的發展絕對不利。所以，主流精英採取與中國政府合作作為應對香港政治環境改變的策略，對民主改革則主張漸進和緩進的步伐，並在選舉辦法設計中儘量保護自己的利益和權利。他們不斷在幕前和幕後遊說英國政府和中國政府不要推行"急進"的民主改革，並以"撤資"作為"威脅"。

　　從另外一個角度看，香港的主流精英其實對自己的政治能力缺乏信心。由於他們長期在政治上依附和依靠殖民政府，本身沒有屬於自己的政治組織和能夠帶領他們並在香港社會享有威望的領袖，突如其來的"九七"問題讓他們措手不及，英國人的"代議政制"改革更是來勢洶洶，他們自覺根本沒有足夠時間去組織起來和部署行動。在殖民政府的"分而治之"的策略下，主流精英事實上是"一盤散沙"，內聚力甚弱。在中國政府面前他們覺得自己勢單力薄，不認為自己有能力去對抗。雖然懷抱精英分子的自信和自豪感，但在面對群眾政治時，他們卻感到懼怕和憂慮，不認為自己有能力領導和駕馭群眾。此外，他們對組織起來參與政治也顧慮重重，害怕"歸錯邊"或"站錯位"而"得罪"中國政府和特區政府並因此而要付出沉重代價。所以，他們希望在回歸後繼續得到當權者的眷顧，並同時努力左右中國政府對"治港"港人人選的選拔。

不過，話也得說回來。縱然主流精英缺乏政治自信，但對於反對派勢力不可能在回歸後執掌政權方面，他們卻是蠻有信心的。因為他們確信中國政府都不會接受反對派為管治香港的力量。正因如此，他們也沒有足夠的"危機感"去像日本或一些東南亞國家的主流精英般為了在普選中取勝而不得不在政治上動員和組織起來，反而樂得繼續享受他們在回歸前已經得到的"政治免費午餐"。[110]

誠然，主流精英也不是完全反對任何形式的民主改革。他們當中不少人對中國共產黨的疑慮和抗拒促使他們願意接受溫和的民主進程，期望群眾力量可以對中國政府造成一定的約束與制衡，但卻不希望見到香港人與中央發生劍拔弩張的局面。他們對香港人的民主訴求亦非無動於衷，明白到完全不理會這些訴求所會帶來的政治後果。"六四"事件發生後，小部分在政治上比較活躍的主流精英分別提出"兩局共識"（由行政局

110　可參考 Ethan Scheiner, *Democracy Without Competition in Japan: Opposition Failure in a One-Party Dominant State* (Cambridge：Cambridge University Press, 2006); 及 Dan Slater, *Ordering Power: Contentious Politics and Authoritarian Leviathans in Southeast Asia* (Cambridge: Cambridge University Press, 2010)。

和立法局的議員提出）和"八十九人方案"（由八十九名基本法諮詢委員會委員提出），建議政制改革顯著向前邁進一步便是明證。然而，這畢竟是"曇花一現"的現象，絕不表示主流精英因幡然悔悟並對民主發展改觀。當他們看見中國共產黨的執政地位穩固，反對派進一步策動香港人與中央對抗，中央以強硬態度回應，而香港有機會出現政治不穩時，這些人的"民主衝動"馬上因現實考慮而冷卻下來。在此之後，主流精英回復政治保守心態，並致力與中央重修舊好。他們對彭定康的政改方案反感，而彭定康的方案又幾乎因為他們的反對而在立法局觸礁，正好説明這些精英分子的基本政治立場始終如一。

另外一股保守力量是"**愛國力量**"，又稱為"愛國愛港"力量，其所涵蓋的人物和團體不斷膨脹。回歸前，"愛國愛港"力量一般指"左派"或"傳統愛國力量"，指那些一直支持中國共產黨的人士和團體。然而，隨着香港的回歸和中國政府積極推動統戰工作，"愛國愛港"的力量不斷擴大。所有擁護中國政府和認同和支持中央的"一國兩制"方針的人都可以籠統叫做"愛國愛港"人士。實際上，不少主流精英分子在"棄英親中"後已經投奔"愛國愛港"陣營。"愛國愛港"力量與主流精英之間的最大分別是，"愛國愛港"力量的組成龐雜，內部矛盾明顯和團結性甚低。"愛國愛港"力量中既有"左派"，又有原來的主流精英，既有代表工商界的人物，又有反映勞工和基層利益的人士，既有全港性精英，又有代表新界"原居民"利益的人；既有擁護中國共產黨的人士，又有曾經效忠殖民政府的人。在回歸前中英鬥爭的環境下，不同"愛國愛港"的人士和組織傾軋不斷,既造成內部不和,又損害了"愛國愛港"陣營的公信力。儘管"愛國愛港"陣營包羅了一部分原來在社會上擁有名譽和地位的主流精英,並且在回歸後儼然成為"新建制力量",但由於香港人對"親北京"的政治勢力仍有疑慮,所以"變身"為"新建制勢力"的"愛國愛港"力量在香港人眼中的地位和聲譽還是比不上以主流精英為代表的"舊建制勢力"。與主流精英相比,"愛國愛港"人士的政治立場與反對派的政治立場相差更遠,所以他們與反對派的摩擦更為激烈。由於"愛國愛港"力量尚未得到大部分香港人的認同和支援,因此民主改革特別是分區直選對他們肯定不利。基於對中國政府的支持,他們也衷心擁護中央在香港民主發展上的謹慎立場。

無論是新建制勢力或是舊建制勢力都是中國政府在香港實施"一國兩制"方針時必須依靠的力量,也是特區政府管治香港時的主要支持基礎,因而其利益和地位必須加以保障。無論是在選舉行政長官的選舉委員會,或是選舉立法會議員的選舉委員會和功能團體的選舉人中都有相當比例的名額給予新建制或舊建制的精英。對這兩批精英而言,一個向他們傾斜而又緩步發展的民主政體最符合自己的利益。

第三股保守力量是**高層華人官員**。在某個意義上他們是"九七"回歸的最大獲益者。誠然,這些精英分子對"改朝換代"怵惕不安,但殖民管治的結束和中國政府對他們的倚重卻又為他們提供了大量升職和加薪的機會。英國人在撤退前對他們的青睞和培植又大大強化了他們的自信心、自豪感和"使命感"。香港長期以來其實是由職業官僚管治,這個情況不會因為英國人的離去而從根本上改變。當華人官員精英躊躇滿志之際，他們自然也不希望看到香港出現會削弱他們的權力和地位的急劇的民主改革，況且高層公務員對政客素來鄙視，覺得他們非理性、短視、將個人與黨派的私利凌駕於公共利益之上。雖然華人高官不會公開發言表達對民主化的保留和擔憂，但在與中、英政府和各界精英溝通接觸時，他們的立場和想法必然會傳達給對方。我不否認華人高官之中也有政治開明之士，也有人憂慮因為政府非由民眾選舉產生而"認受性"不足和管治維艱。更有人出於對中國共產黨缺乏信任而希望通過民眾選舉而產生一些約束中國政府的民間政治力量。不過，照我的觀察，這些開明的華人高官畢竟為數不多，而且在特區政府內也不成為主流。部分高官將特區政府的管治乏力歸咎於反對派的刻意阻撓，也歸咎於特區的政治領導人過分逢迎和順從"民意"，因此對香港進一步民主改革持保留甚至惶恐的態度。

這三股保守力量加起來可算是香港社會上處於主導或支配位置的政治勢力。從 1980 年代初開始一直到現在，他們對民主發展的立場頗為清晰，而且相當穩定。我甚至可以説，經過回歸後十多年的"民主實踐"或"民主實驗"，特區政府管治困難，政策制定和執行舉步維艱，政治權威凌夷，民粹情緒高漲，社會衝突蔓延，經濟競爭力下滑，短期問題盤踞公共議程，長遠發展的課題無人問津，民主化的結果令香港的保守力量變得更為保守，愈來愈不相信民主改革會為香港帶來穩定、發展、有效管治和良好的香港與內地的關係。他們愈來愈不急於全面普選行政長官和立法會議員，覺得這會使香港更加混亂和動盪。誠然，少數保守分子也擔心假如不能滿足香港人的民主訴求，愈來愈激烈的抗爭行動會接踵而來，破壞香港的繁榮穩定以及令政府無法管治。當然，為了懼怕被支持民主改革的人的批評和羞辱，保守人士很少公開表達其立場和看法，但在幕後向中國政府和特區政府申述其對民主化的擔憂和恐懼的人則不在少數。

港人矛盾猶豫的民主觀

質言之，英國人在香港長年累月推行的懷柔管治製造了一股龐大的保守精英勢力，這股勢力最後成為英國人在推動作為"光榮撤退"策略的核心的"代議政制"改革時的絆腳石。另一方面，英國人的懷柔管治同時使得殖民政府在動員香港人支持其民主改革時事倍而功半。正是因為懷柔管治奏效，香港人的民主訴求雖然因"九七"問題的出現而升溫，但卻始終停留在一個比較溫和和務實的水平。更重要的，是香港人對民主的態度充斥着矛盾和猶豫的思想和感情。[111]

---

111 在本章中我對香港人的民主觀只作綜合性和概括性的描述，參考了許多我個人和其他學者的研究成果。不少材料來自我當中央政策組首席顧問期間香港特區政府所作民意調查的資料，因為需要保密的緣故，難以詳細引用。在公開發表的著作中，可參看 Lau Siu-kai, "Democratic Ambivalence," in Lau Siu-kai et al. (eds.), *Indicators of Social Development: Hong Kong 2004* (Hong Kong: Hong Kong Institute of Asia-Pacific Studies, The Chinese University of Hong Kong, 2005), pp. 1-30; 及 Lau Siu-kai, "Democratic Ambivalence Revisited," in Leung Sai-wing et al. (eds.), *Indicators of Social Development: Hong Kong 2006* (Hong Kong: Hong Kong Institute of Asia-Pacific Studies, The Chinese University of Hong Kong, 2008), pp. 1-24。

　　首先必須確認的是香港人對民主政治的嚮往。香港是一個相當現代化的社會，香港人的教育水平頗高，受到西方的價值觀和行為方式的不少薰陶，廣泛和大量接收來自四方八面的資訊，而且擁有一個龐大的中產階層。在這種環境下，民主理念普遍被肯定和推崇絕不為奇，年青一代尤其如此。然而，香港在"殖民地"時期卻沒有出現大規模的要求民主改革的運動。香港人知道香港不能成為獨立國家，所以任何重大的"反殖"或"獨立"運動從未在香港歷史上發生，而在不少其他的殖民地民主運動與"反殖"和"獨立"運動則是有機地連接在一起的。既然沒有推翻殖民管治、建立獨立國家的政治意圖，那末波瀾壯闊的民主運動也難以發生。原因是，徹底的民主改革必然實際上會令殖民管治終結，而這正是大多數香港人不願意見到的結局，也不是在中國政府還沒有決定收回香港前中英兩國可以接受的結局。

　　縱觀過去數十年的變遷，可以看到香港人的民主訴求的升降往往由實用或功利思想驅動。當人們對當前的一些社會經濟情況不滿、對政府的施政和行為不高興、對中國政府的一些做法和政策有意見、對內地發生侵犯人權的重大事件憤怒、對財團的巧取豪奪憤慨的時候，社會上要求民主的呼聲便會陡然湧現，激烈抗議行動也會遽然爆發，但往往激情過後無以為繼。當到真的有人提出政制改革時，人們的熱情和衝動往往正在此時開始冷卻，無法支撐一場氣勢磅礴和持之以恆的民主行動。

　　值得思考的是，香港在"殖民地"時期不但沒有出現大型的民主運動，規模較小的、具有一定政治能量和能夠堅持相當一段時間的民主運動也屬鳳毛麟角。戰後以來，一些受到西方政治理想感染的香港人的確不時提出民主改革的要求，主要不外乎要求殖民政府開放多一些讓他們可以參政的渠道，特別是在現行的諮詢組織中加入多些能夠反映不同階層意見的人物以至引入一些經由選舉產生的成員。這些人基本上確認了殖民政府的"認受性"，但希望在殖民管治架構中分享一些權力而已。

在殖民管治時期民主訴求之所以微弱，理由其實很簡單，亦很明顯。首先，大部分人移居到香港來，主要是為了逃避內地的戰亂和動盪、不願意接受中國政府的管治或尋找發展的機會。不少人視香港為暫居地，對當地沒有歸屬感，亦不關注香港的政治體制和管治方式，更遑論採取行動去改變它們。換句話說，不少人特別是老一輩是甘心情願"接受"殖民管治的，而不是為了改變或推翻殖民政府而來的。再者，不少這些人既懼怕政治，復又對政治冷漠，很難想像他們會是積極的政治參與者。當然，這些人的下一代在香港出生和成長，以香港為家，教育背景和思想心態與上一代自然有明顯分別，但上一代的消極政治觀卻通過潛移默化對下一代產生一定的影響。大部分年輕人其實在政治上也頗為務實和冷漠，其中願意投身於政治行動的人只屬少數。一直以來，年輕人在選舉中的投票率偏低可為例證。

第二，其他地方的經驗說明，民主運動必須建築在民眾的怨恨、不滿和憤怒等激烈情緒上。這些情緒源於對自己的處境的極度失望、對個人和社會前景高度悲觀甚至絕望、對社會的不公不義憤填膺、對當權者滿懷怨憤、對現行社會經濟體制高度否定、對政治權力的分配不再接受等種種對現狀的強烈不滿。在那些激情的驅使下，人們才願意積極行動起來，不惜代價地與當權者鬥爭和對抗，務求通過民主改革徹底改變現行的政治權力分配格局。不過，香港的處境截然不同。二次大戰結束以還，在香港的自由放任的經濟體系下，貧富差距在上世紀七零年代前雖有所縮窄，但之後則不斷擴大，並衍生出嚴重的貧窮和社會流動機會匱乏的問題。無疑，在這些不好的情況下，基層群眾的怨氣不少，中產人士之中境況困難者也大有其人。可是，這些不滿和牢騷大體上不算很大，並且香港還擁有頗為不錯的福利、房屋、教育和醫療等對普羅大眾苦況產生一定紓緩作用的政策和措施，使社會的不安不穩因素限制在可控範圍之內。一直以來，源於基層和勞工的困苦和怨氣所引發的民主訴求極少，以"無產階級"為社會支持基礎的民主運動從未出現，工會並非是香港民主運動的中堅力量。當然，中產階層中有實在生活困難的人肯定存在，起碼不少中產人士因為覺得自己應有或渴望擁有的生活水平和方式沒有實現而滋生憤世嫉俗的情緒，但以那些不滿情緒作為基礎的民主運動得未曾見。事實上，策動民主運動的人一般以政治理想相號召，以道德情操相砥礪，而恥於訴諸於庸俗的物質需求為實現民主理想的動力。

第三，香港人對何謂"民主"自有一套看法。其實，不少非西方國家的民眾對民主的認識和理解與西方人的看法迥然有異。人們往往從民主政治究竟能否帶來一些實在的好處來看民

主，反映濃厚的實用主義傾向。[112] 在戰後大部分時間，部分
香港人把"民主政府"理解為願意諮詢民眾意見的政府，這說
明了殖民政府把香港的從任何角度都不能算作"民主"的香港
政治描繪為"諮詢性政治"，並向外吹噓香港為"民主櫥窗"等
政治宣傳著實對香港人的政治觀產生實質影響。我也不否認當
香港人把香港的"殖民地"懷柔管治與內地的威權管治方式對
比後得出香港是"民主"社會的觀感。無論如何，不少香港人
認為香港已經享有不錯的民主治理。另外有部分香港人認為能
夠有效領導香港的政府或能夠為香港人謀福祉的政府為民主政
府。既然殖民政府幹的不錯，為香港帶來了經濟奇跡和穩定社
會，那麼香港便順理成章地成為民主社會。當然，另外一部分
人認為由人民選舉產生的政府才算是民主政府，但比例並非大
多數。隨着"九七"問題的出現、政制改革的推行和香港人民
主訴求的上升，認為民主與選舉有密切關係的人有增加的趨
勢，但多數人仍然認為香港已經享有很不錯的民主政治，當然
比西方發達國家相比仍有距離，但差距並非很大。既然香港人
認為香港在殖民管治下已經達到不錯的民主水平，而回歸前後

---

112 舉例説，西歐的人民強調政治自由、政黨競爭和公正的法律制度等政治價值為民
主政治的要務，但東歐的新興民主政體的民眾則較注重繁榮、平等和安全等經濟
價值。不少拉丁美洲國家的人民認為民主政治的目的是經濟發展和民生改善。拉
丁美洲的人則把經濟發展與民主掛鈎。阿拉伯國家的人們傾向從經濟成果來理解民
主，不少人根據民主政體在經濟發展、法治、廉潔政府等方面的表現來衡量民主政
體是否值得支持。見 Doh Chull Shin, *Confucianism and Democratization in East
Asia* (New York: Columbia University Press, 2012), p.225 and p. 264；Roderic Ai
Camp(ed.), *Citizen Views of Democracy in Latin America* (Pittsburgh: University
of Pittsburgh Press, 2001) 及 Larry Diamond and Marc F. Pattner (eds.), *How Peo-
ple View Democracy* (Baltimore: The Johns Hopkins University Pres, 2008)。

的政制改革又引進了更多的"民主"選舉，人們爭取更高水平
民主的意欲自然不會很強。

　　第四，不少香港人仍然緬懷"殖民地"時期的風光和管
治，對之且有一定程度的"美化"或"理想化"。他們對回歸後
的"局部民主化"的政治體制（partial democracy）的表現不滿
意，特別是不斷增加的政治衝突、政府施政不順暢和那些讓香
港人感到噁心的政治人物的操守和行為。[113]公眾對"代議機關"
的信任偏低，對民選議員缺乏信心。[114]誠然，在局部的民主
政體中，選舉產生的政治人物因為缺乏管治權力和責任，為了
贏取民眾的好感和支持，往往訴諸於激烈行動或情緒化的語言
來吸引社會人士的"眼球"和"耳朵"，香港的比例代表制也起
着推波助瀾的作用，因為一些政客可以藉助激烈和"出位"言
行取悅極少數怨氣沖天的選民，並贏得議會的若干席位。反對
派的政治人物和黨派不斷在議會內和社會上發動鬥爭，特區政
府的施政遇到不少阻力，香港的發展不免受到延誤。可以說，
香港民主發展的成果未有提振香港人對民主政治的信心。

　　第五，不少香港人把民主與自由、人權、法治、善治、廉
潔政府等東西混淆在一起，特別是自由與法治。毋庸諱言，經

113　在本書中，"局部民主政體"主要指兩方面。第一，香港的"民主化"集中在立法機
　　關，行政機關並非由香港人以普及選舉方式產生。第二，香港不是獨立國家，特區
　　政府縱然由普選產生，它也不享有獨立國家所擁有的全部權力。國防和外交的權力
　　固然不屬特區政府權力範疇，《基本法》沒有明確授予香港特區的權力（所謂"剩餘
　　權力"）則屬中央所有，並不屬於香港。

114　就算在民主國家，議會的議員也容易讓人民覺得他們是一群爭吵不休、言行無狀、
　　嘩眾取寵和不幹實事的人，因此難以得到公眾的尊重和愛戴。有關美國的情況可參
　　考 John R. Hibbing and Elizabeth Theiss-Morse, *Congress as Public Enemy* (New
　　York: Cambridge University Press, 1995)。

過一個半世紀的懷柔殖民管治，尤其在英國人下旗歸國前的二十多年，香港在那些方面的成就和表現是驕人的。香港人既然享受到西方先進國家人民所享有的政治、公民權利和法治，自然容易聯想到香港也是一個能與西方國家媲美的民主社會。與大部分落後與發展中國家比較，特別與內地比較，香港狀況更是無與倫比，香港人對此不無顧盼自豪之感。從爭取民主發展的角度看，香港的政治發展軌跡異常獨特。幾乎所有國家和地區，包括西方國家在內，民主政制並非垂手可得，而是經過長時間的鬥爭甚至流血犧牲才獲得的。極少數地方可以無需付出重大代價而取得民主的政治體制。更為重要的，是一般的政治發展順序是先有民主，然後才有自由、人權、法治、善治和發展。香港的獨特性在於香港人在沒有取得以民主選舉產生的政府之前以經因為特殊的歷史原因而獲得其他國家的人民需要作出重大犧牲才換取到的**"好東西"**。從這個角度看，香港人的確"幸福"和"幸運"，但帶來的結果是：既然香港人已經得到了人家作出不少犧牲爭取到民主後才得到的"好東西"，那麼對香港人來說民主便不是那麼要緊的事了。不少香港人從實用或功利角度看民主。他們往往把民主看成是"工具"，其價值在於它能否帶來其他比如自由、人權、法治、良好管治、經濟發展和社會穩定等比民主更為珍貴的東西，如果其他更珍貴的東西已經得到，香港人便會覺得民主不是那麼迫切需要，反而會憂慮到進一步發展民主對那些"好東西"會造成甚麼不好的影響。

　　第六，香港人的政治文化中雖然有一些有利於民主政治的

元素，但同時不利於民主發展的部分也不少。有利的元素當然
包括對法律的尊重、對不同意見的包容、對暴力的厭惡、對自
由的追求等。但與此同時，不少香港人重個人而輕集體，重
權利而輕義務與責任，重民主所帶來的結果而輕民主理想與
程序，重強勢政府而輕政治參與、重繁榮穩定而輕民主等。
香港人的政治文化在不少方面與其他東亞國家和地區的政治
文化有雷同之處，屬於 "**參與者文化**"（participant culture）和
"**順民文化**"（subject culture）的 "混合品"，既注重政治參與，
又渴求和尊重權威。這類政治文化蘊藏着不少阻礙民主政治
的東西。根據一項比較政治文化的研究，"在儒家亞洲的人民
心中，民主代表為人民謀福祉的政府而不是由人民操持的政
府。"[115] "儒家亞洲人民對民主的執着是薄弱的，儒家政治思
想是阻礙人們全心信奉西方民主的重要因素之一，特別是儒
家思想認為良好管治的內涵是仁慈家長主義和賢人管治。"[116]
"縱然積累了愈來愈多的民主經驗，南韓、印尼、蒙古、菲律
賓和台灣其實都沒有成為真正的自由民主政體。東亞地區的民
主化運動目前處於停滯不前的狀態。在世界上所有的地區中，
東亞地區是最抗拒 '第三波' 民主化的地區之一。儒家的政治
和社會觀念不利於在受其影響較大的地方發展成為一個民主國
家中的國民及其公民社會的成員。孝順父母、尊重權威和學
問、來源於教育的個人修養等乃儒家思想的核心內容，也是中

115　Doh Chull Shin, *Confucianism and Democratization in East Asia* (New York: Cambridge University Press, 2012), p. 264.

116　*Ibid*, p. 310-311.

國社會及其周邊地區的獨特政治文化的重要元素。政府應該積極促進人民的經濟福祉，強勢和有道德威望的政府乃恩典，政府存在的理由是為人民謀幸福，中央集權和政府積極介入市場。東亞地區的非民主政體的數量比民主政體為多。即便是台灣，也只能算是‘有缺陷’（flawed）的民主政體，而南韓的新聞自由最近則出現倒退的情況。"[117] 上述的國家和地區的民主化程度比香港已經高得多，但仍距離西方民主之標準頗遠。在同時深受西方和傳統中國文化薰陶的香港人的政治文化中存在不利於民主政治的元素不足為奇。總之，香港人的民主觀呈現明顯的實用主義、務實主義、局部視覺（partial vision）、猶豫心態和矛盾態度（ambivalence）。[118] 這種民主觀很難承托一個規模龐大、群眾基礎深厚、高度團結、持續性驕人、不怕犧牲和戰鬥力強的 民主運動。相反，這種民主觀只能承托溫和與

117　*Ibid*, p. 53.

118　見 Lau Siu-kai and Kuan Hsin-chi, *The Ethos of the Hong Kong Chinese* (Hong Kong: The Chinese University Press, 1988); Kuan Hsin-chi and Lau Siu-kai, "The Partial Vision of Democracy in Hong Kong: A Survey of Popular Opinion," *The China Journal*, Issue 34 (July 1995), pp. 239-264; Kuan Hsin-chi and Lau Siu-kai, "Between Liberal Autocracy and Democracy: Democratic Legitimacy in Hong Kong," *Democratization*, Vol. 9, No.4 (Winter 2002), pp. 58-76; Kuan Hsin-chi and Lau Siu-kai, "Traditional Orientations and Political Participation in Three Chinese Societies," *Journal of Contemporary China*, Vol.11, No. 31 (2002), pp. 297-318; Lau Siu-kai, "Democratic Ambivalence," in Lau Siu-kai et al. (eds.), *Indicators of Social Development: Hong Kong 2004* (Hong Kong: Hong Kong Institute of Asia-Pacific Studies, The Chinese University of Hong Kong, 2005), pp. 1-30; 及 Lau Siu-kai, "Democratic Ambivalence Revisited," in Leung Sai-wing et al. (eds.), *Indicators of Social Development: Hong Kong 2006* (Hong Kong: Hong Kong Institute of Asia-Pacific Studies, The Chinese University of Hong Kong, 2008), pp. 1-24. 及 Wai-man Lam and Kuan Hsin-chi,"Democratic Transition Frustrated: The Case of Hong Kong," in Yun-han Chu et al. (eds.), *How East Asians View Democracy* (New York: Columbia University Press, 2008), pp. 187-208。

漸進式的民主發展步伐。

第七，香港中產階層對民主的猶豫態度。[119] 香港戰後的高速經濟增長和教育機會的擴展衍生一個龐大的中產階層。他們充滿自信，相信憑藉個人的奮鬥可以改變自己的命運。他們受到西方價值的薰陶，但同時又習染了不少傳統思想。塑造他們的政治觀的歷史背景是他們無需通過與低下與勞工階層結成政治聯盟去打破上層階級對發展機會的壟斷，因為作為一個開放的移民社會香港本來就沒有一個壓在其他人身上，阻礙其他人向上社會流動的上層階級。中產階層的主流意見反而是擔憂低下和勞工階層在政客或民粹主義分子的挑唆，利用集體抗爭行動來爭取財富和收入的再分配，從而損害中產人士的利益、強化個人對政府的依賴和斲喪自強不息的精神。在西方民主思想的影響下，不少中產人士對民主政治有所憧憬，但實際上他們懼怕群眾政治的抬頭會威脅他們的利益和信念。雖然香港的民主運動的動力來源於中產人士，但大部分的中產分子卻沒有給予支持，甚者持保留和反對的立場。說到底，香港的中產階層是殖民管治下的產品，是"殖民地"的政治和經濟體制下的既得利益者。這個體制的任何重大改變都會為他們的利益造成一定的損害和帶來不確定的前景。所以，中產階層在民主化的問題上瞻前顧後，猶豫不決，基本上是一股溫和保守力量。他們不是抗拒民主化的力量，但也不是堅決支持民主改革的力量。

第八，香港人尤其是中產階層人士對民主改革所會帶來的

119　見劉兆佳，《回歸後的香港政治》（香港：商務印書館，2013），第 200-245 頁。

後果也有複雜的看法。他們期望普選行政長官會提高政府的"認受性"、公共政策的公平性和政府在回應民眾訴求時的積極性。他們也期望普選立法會會提升立法會的代表性和監察政府的意向和能力。有些人甚至期待民主化會減少社會衝突和讓香港人能夠萬眾一心推動相關的發展和解決一些老大難的問題。可是，不少人卻又同時擔心民主化會引發更多的政治衝突，激發民粹情緒、增加福利的訴求、破壞香港的簡單低稅制度、損害香港與中央和內地的良好關係和製造更多的香港與中央對抗的事件。有些人甚至覺得民主化會造成"大多數人的獨裁"（tyranny of the majority），對社會的多元化以至自由和人權帶來負面影響，使得香港人失去一些他們原來已經享有的"好東西"。香港人對民主發展的矛盾心態和猶豫態度使他們一方面嚮往民主，但另一方面卻諸多顧慮。在矛盾和猶豫的心理狀態的驅使下，香港人同情和認同民主運動，但真正給予民主運動的實質性支持卻不多，在財政上的捐獻更是微不足道。[120]

第九，香港民主運動的頭面人物不斷努力告訴香港人如果香港不實行民主政治，他們原來擁有的自由、人權、法治等"好東西"終歸也會不保，原因是非普選產生的當權者不但不會竭力維護這些"好東西"，反而會視它們為有效管治的障礙，因此要保存這些香港人至為珍惜的"好東西"，民主政治便必

---

[120] 見劉兆佳，"中產階層與香港政治，"載於劉兆佳，《回歸後的香港政治》，第200-245頁。東亞地區的中產階級的政治保守性在學術界備受關注。可參看 David Martin Jones, "Democratization, Civil Society, and Illiberal Middle Class Culture in Pacific Asia," *Comparative Politics*, Vol. 30, No. 2 (Jan., 1998), pp. 147-169; 及 Jie Chen, *A Middle Class without Democracy: Economic Growth and the Prospects for Democratization in China* (New York: Oxford University Press, 2013)。

不可少。然而，這種說法迄今沒有引起香港人的共鳴、恐懼或困惑，主要原因是香港人尚未感到香港的自由、人權、法治等"好東西"出現明顯倒退或被某些勢力肆意蠶食。人們大致上認為這些"好東西"在回歸後還繼續存在，覺得回歸前的擔憂顯得有點杞人憂天。有些人甚至認為政治自由在回歸後有進一步擴充的趨勢，主要證據是在回歸後香港人有更多批評和影響政府的空間和渠道，而且無需擔憂會遇到政府的報復；政治人物和官員的權威旁落，"官不聊生"的事例不時湧現。這種種情況在殖民管治時期並不多見。再者，香港人對中國共產黨的恐懼有所下降，對它的信任有所上升，人們更放心去向中國政府提出自己的訴求和意見。這些情況都使香港人覺得香港的政治環境比前寬鬆。

　　另外一個解釋香港人不擔心失去那些"好東西"的原因是他們估計那些"好東西"在民主水平不足下仍然不會受到威脅。他們認為經過那麼多年的發展，那些"好東西"已經成為香港的習慣和傳統，牢固地成為香港的政治文化和政治生態的有機組成部分，受到法律和制度的強力保護，並得到社會各方面的積極捍衛，因此不會因為香港尚未實行普選而受到嚴重威脅。再者，不少人覺得那些"好東西"是香港經濟繁榮和社會穩定的支柱，與絕大多數人的利益息息相關。人們也相信，保存那些"好東西"符合當權者的利益，因為那些"好東西"的存在會大為減少群眾對香港尚沒有普選的潛在不滿。況且要侵蝕那些"好東西"的話會造成當權者和香港人的嚴重衝突，阻礙香港的經濟發展，對當權者也是弊多而利少。此外，香港人也知道他們沒有可能可以推翻特區政府,因為這會導致中國政府"插手"香港事務,弄得不好的話甚至會斷送香港的"高度自治"。其實,經歷過董建華沒有能夠完成特首任期一事之後,香港人有一定信心中央不會容許不得人心的人當特首或長期執政,所以不太擔憂香港會出現高壓統治的情況。事實上,中國政府也會認真地監察特區政府的管治情況,防止因為它的施政失誤而引發嚴重的反政府情緒和行動,導致香港人與中央關係緊張,並助長香港人的民主訴求。所以,到目前為止,試圖挑起香港人對失去"好東西"的擔憂,動員他們參與民主運動的努力尚未奏效。

第十,與香港人的民主訴求同時並存是他們對威權政府的緬懷。一方面他們懷抱民主理想,另一方面有對強勢政府和明快決策嚮往。這種政治心理並不奇怪。南韓和台灣的經濟起飛分別發生在軍人統治和國民黨專政的時候,當地的人民對於非民主政體的施政表現和運作效率仍持正面的評價。[121] 雖然已經經歷了民主化,但人們對威權政體依然有緬懷之情。一批來自不同國家的學者在比較幾個東亞國家和地區的民主實踐經驗後有這樣的結論:威權政體在東亞地區一直是民主政體的強大競爭者。"正當〔東亞〕地區的新興民主政權窮於應對具爭議性的選舉結果、政黨僵持不下、貪腐醜聞、低經濟增長和黯淡經濟前景等管治難題之際,該地區的適應力強大的威權和半威權型政權比如星加坡、馬來西亞和中國卻顯示處理複雜經濟、眾

---

121 見 Dwight H. Perkins, *East Asian Development: Foundations and Strategies* (Cambridge, Mass.: Harvard University Press, 2013)。

多利益和全球化的能力。"[122] "東亞地區過去的威權政權在倒下時並沒有受到人民的徹底揚棄。中國的共產政權展示出驚人的適應力和抗逆力，使得東亞地區的整體氛圍有利於人們對非民主政權的認同。東亞地區的人民傾向把他們國家的現行政權與兩個隨手可得的基準比較：一個是他們在有生之年曾經經歷過的軟性的威權政權，另一個則是在他們旁邊正在享受着繁榮的非民主國家。"[123] 而"在東亞人們之中，香港人的政治無力感最高。"[124]

如前所述，香港人不像其他的東亞人們般視過去的政權為獨裁政權，反而認為殖民政權頗為民主。在中國大陸、台灣和香港，人數頗多的少數人對民主政體是否適合他們的社會持懷疑態度。他們尤其不太相信民主政治能夠解決實際問題。很多東亞人民雖然覺得民主政治代表理想，但對於它是否一個行得通的東西卻信心不足。事實上，與其他地區的人比較，東亞人民沒那麼熱衷於民主政治，不少人仍然緬懷過去的威權政治或對任何政體都漠不關心。曾經在能夠有效地推動社會穩定和經濟發展的、由軟性的威權主義主導的社會生活過的人，始終難以全心全意接受民主政治。人們一般把經濟發展看得比民主重要得多。很少人毫無保留的支持民主。人們在抽象意義上較擁護民主，但在具體意義上則沒那麼支持。在香港，威權管治得

122　Yun-han Chu et al., "Introduction: Comparative Perspective on Democratic Legitimacy in East Asia," in *idem* (eds.), *How East Asians View Democracy, op. cit.*, p.9.

123　*Ibid*, p. 10.

124　*Ibid*, p. 14.

到不少人的支持。其實，除了南韓和日本外，大部分東亞地區
的民主政體都缺乏深厚的認受性。這些年輕的民主政體還需要
向大多數人證明它們的價值。在絕大部分東亞國家，人們對法
治的執着頗為薄弱。就算在戰後，西德的人民也需要經過一段
長時間的體驗才確立對民主政體的信心，才能逐步擺脫他們對
威權政治的依附情緒。[125]

　　香港在一個半世紀殖民管治時期中走向現代化，成就為一
個發達的國際大都會，香港人對非民主政體不但不反感，甚至
認為它擁有一些民主政體所欠缺的優點，包括決策明快、執行
力強、紀律嚴明、社會衝突不多等。香港自從實行民主改革以
來，某些好處當然浮現，比如政府施政更受民意左右、民眾感
覺自己的政治影響力增加、政治參與的渠道更多、官員的問責
意識有所提升、當權者更受社會監督等，但回歸後出現的經濟
滑坡、政府管治艱難、社會摩擦日甚一日、官民衝突時有發生
等情況，卻讓部分香港人特別是精英分子對民主政治產生懷
疑，甚至惡感。香港社會上一些人老是拿殖民政府的管治效率
來貶低特區政府的能力，近年來甚至拿內地政府的強勢施政來
揶揄特區政府的做事拖拉遲緩，其實都反映了在香港人心中還
沒有否定威權政體的價值，也反映了他們對“香港式”民主政
治的懷疑。政治權威的旁落、激進言行的蔓延、民粹意識的上
漲、經濟發展的阻滯和社會矛盾的惡化，在一些人中強化了對

125　見 Kendall L. Baker, Russell J. Dalton and Kai Hildebrandt, *Germany Transformed: Political Culture and the New Politics* (Cambridge, Mass.: Harvard University Press, 1981)。

威權政體的嚮往。

可以這樣説，在多數香港人的政治文化中，對威權政治的緬懷和對民主政治的憧憬同時並存，從而影響到他們對民主發展的認同和擁護。在這樣的政治心態下，要求香港人全心全意、義務反顧和不計犧牲地投入民主運動的洪流中是緣木求魚之舉。我甚至可以大膽的估計，香港人的政治情懷是容許某種民主發展倒退的發生的，至於造成倒退的原因是來自人們對反對派的失望和不滿，還是來自對當權者的期盼和信任，現在難以預見。[126]

第十一，香港人對中國共產黨領導的中國政府的態度也造成他們對民主發展的複雜態度。起初香港人對民主的追求在一定程度上是因為他們擔憂回歸後"港人治港"、"高度自治"的承諾不會兌現，中央多數會強力介入香港事務，甚至他們一向享有的自由和法治也會岌岌可危。這種對香港前景惶恐不安的心理狀態讓反對派有機可乘，利用"民主抗共"或"民主拒共"的號召爭取港人對其民主改革主張的支持。反對派的策略取得

126　林蔚文和關信基的研究也有類似發現。概括來講，他們認為香港人對民主的認識是複合型的，它同時從西方的個人主義和傳統華人社會對良好管治的理解中提取價值觀並將之結合起來。香港人認為香港政治在回歸後走向"更為獨裁的方向"，特區政府的工作表現比殖民政府差劣。香港人的政治無力感和疏離感明顯。雖然香港人視民主為值得最求的理想，但卻不完全認為它適合香港，特別考慮到民主參與和有效管治之間的矛盾。與其他亞洲國家和地區相比，香港人對於民主的有效性、可取性和優先性都偏低。香港人對民主的支持是帶條件性的，他們將民主定義為自由和權力。假如民主與經濟發展和效率相抵觸的話，便會減少對民主的支持。見 Wai-man Lam and Hsin-chi Kuan, "Democratic Transition Frustrated: The Case of Hong Kong," in Yun-han Chu, Larry Diamond, Andrew J. Nathan, and Doh Chull Shin (eds.), *How East Asians View Democracy* (New York: Columbia University Press, 2008), pp. 187-208。

一定的成效，不但得到一部分香港人的信任，更讓他們的候選人在各級議會的選舉中取得好成績。支持反對派的香港人相信民主改革會讓香港人把更多的權力掌握在自己的手中，可以用來保護自己的權益，抵擋中央的干預。然而，真正篤信民主能夠有效制約中央或中共的人其實不多。在中國政府面前，香港人的政治無力感是顯而易見的。多數人不但不認為自己有能力與中央分庭抗禮，反而害怕因與中央對抗而為香港帶來禍害。

回歸以後，香港人對中央的態度出現重大變化。中央對香港的支持和包容得到不少香港人的肯定，而香港人對“一國兩制”的信心有所提升。更重要的是更多香港人樂觀對待中國的將來，民族意識和國家觀念亦油然而生。對中國共產黨的恐懼也有明顯下降，側面反映在只有極少數人參與的挑戰中共權威的行動的增加。總的來說，愈來愈多香港人不但反對與中央對抗，反而認同與中央和內地維持良好關係對彼此的重要性，這些人構成香港人中的大多數。香港人不但否定了“民主抗／拒共”的主張，認為對香港有害而無益，反而傾向約束反對派挑釁中央的行為，迫使他們在此有所收斂，並已經取得一定的成效。

在政制改革問題上，愈來愈多香港人認同香港的民主發展不可以不考慮它對內地可能造成的負面影響，特別是會否為內地帶來不穩定的後果。人們當然因為香港的政制發展在某程度上受制於中央的顧慮和內地的政局而不高興，但鑒於香港與內地的唇齒相依的關係，以至從維護良好的特區與中央關係着眼，大多數香港人願意從大局出發認真對待中央對香港民主發展的立場。近年來香港出現的若干衝擊中央和內地同胞的行動主要來自一些新冒起並以年輕人為骨幹的社會運動和行動，但牽涉的人其實不多，而且經常受到主流民意的譴責。香港人對中央和中共的態度的轉變使反對派失去這個過去用來動員群眾支持民主運動的"依據"，使得民主運動在回歸後的聲勢大不如前。當然，反對派還可以藉助香港人對香港的經濟前景的擔憂、對社會不公的憤慨和對特區政府施政的不滿大造文章，然而相對於過去對香港前途的憂慮和對中國共產黨的恐懼來説，那些負面情緒的政治動員能力較為薄弱，難以承托規模龐大的民主運動。

最後需要指出的，是香港人尤其是精英階層對西方民主政治的嚮往和肯定呈下降之勢。自從 1970 年代以還，西方民主國家受到一連串的問題和危機的打擊，包括經濟不振、金融危機多發、政府財政入不敷出、貧富差距擴大、黨爭頻仍、政府管治乏力、貪腐醜聞層出不窮、政局不穩等痼疾。不少西方國家尤其是美國在民主和人權問題上的"雙重標準"、以"輸出"民主為名侵犯別國的主權、不顧後果地強迫一些國家推行選舉政治、實施對己對人都不負責任的財政和金融政策。凡此種種，都損害了香港人對西方民主價值觀的認同和信心。令他們對民主政治所帶來的後果產生疑慮。西方的民眾對西方的民主政體的信任其實也在下滑。

多爾頓（Russell J. Dalton）對西方國家目前的政治困局有以下的描述：西方國家民眾愈來愈不信任政客，對民主制度抱懷疑態度，並對民主程序失望。一個不祥的徵兆是連大部分的政治觀察家都相信公眾不滿的對象已經不限於當權者，而是蔓延到民主程序中的制度和規範。這才是當前民主遇到的挑戰的本質。人們沒以前那麼信任政黨，導致選舉意向變動不經，因此政治波動不已。政治信任的下降，引起愈來愈多的不正規的、挑戰政治精英的行動，包括抗議、示威和政治暴力。民眾的政治疏離感上升。西方群眾現在對代議民主的主要構成部分（政治精英、政黨和議會）失去信心。人們仍然支持民主原則，但對民主的實際運作不滿。在美國，教育程度較高的人對政府的信任較低，而且信任的下降速度很快。年輕人對政治的支持度也偏低。年紀較輕，教育程度較高的人對官民關係有更大的期望。他們要求開放政府、提高問責性和公民直接參與到和他們有切身關係的政策的制定過程。後物質主義者鼓吹建立容納廣泛參與的政治結構、集體決策過程和營造共識的政治程序。西方政府每下愈況的施政表現是導致公眾政治信任下降的重要原因，經濟狀況不濟反而不是西方民眾對政治信任下降的主要原因。公共議程內的項目愈來愈多，彼此間的分歧愈來愈大。政府提出任何政策計劃，都會受到不同人的反對。隨着人們的期望不斷上升，政府的工作表現即使沒有改變，群眾的不滿也會增加。不同的利益群體以自己的利益為重，不太願意妥協。政府要同時滿足所有利益團體的要求甚難。利益整合和共識凝聚十分困難。愈多政治參與，愈多民主，則利益碎片化的情況會更為嚴重和失控。[127] 西方知識界也在對西方民主的現

127　見 Russell J. Dalton, *Democratic Challenges, Democratic Choices: The Erosion of Political Support in Advanced Industrial Democracies* (New York: Oxford University Press, 2004)。

狀和將來重新思考和作出批判。[128] 在不少香港人的眼中，西方國家近幾十年面對的亂局，不少在香港有似曾相識之處，這無可避免會讓他們對民主政治在反思後產生複雜的看法。

近年來出現的一些研究更指出在東亞地區隱若出現一些與西方不同的對民主的理解，尤其強調善治、賢人治國、集體意識和社會和諧的重要性。[129] 這些源於亞洲人愈來愈對自己有信心的政治"理論"在一定程度上使香港人不會隨便"盲從"西方的政治論述。

總括來說，香港人的歷史經歷和政治現實感孕育了一種矛盾和猶豫的民主觀。這種民主觀承托着溫和與務實的民主訴求，顯現出政治實用主義和理性主義的特質，但對那些懷抱民主理想並且希冀快速民主化的人而言，香港人肯定不構成強而

128　可參考 Stein Ringen, *What Democracy is For: On Freedom and Moral Government* (Princeton: Princeton University Press, 2007); Larry M. Bartels, *Unequal Democracy: The Political Economy of the New Age* (Princeton: Princeton University Press, 2008); Martin Gilens, *Affluence and Influence: Economic Inequality and Political Power in America* (Princeton: Princeton University Press, 2012); Philip Coggan, *The Threats to Western Democracy* (London: Allen Lane, 2013); David Runciman, *The Confidence Trap: A History of Democracy in Crisis from World War I to the Present* (Princeton: Princeton University Press, 2013); Stein Ringen, *Nation of Devils: Democratic Leadership and the Problem of Obedience* (New Haven: Yale University Press, 2013); 及 Nadia Urbinati, *Democracy Disfigured: Opinion, Truth, and the People* (Cambridge, MA: Harvard University Press, 2014)。

129　可參考 Joanne R. Bauer and Daniel A. Bell (eds.), *The East Asian Challenge for Human Rights* (Cambridge: Cambridge University Press, 1999); Doh Chull Shin, *Confucianism and Democratization in East Asia* (Cambridge: Cambridge University Press, 2012); Jiang Qing, *A Confucian Constitutional Order: How China's Ancient Past Can Shape Its Political Future* (Princeton: Princeton University Press, 2013) Yun-han Chu et al. (eds.), *How East Asians View Democracy* (New York: Columbia University Press, 2008); 及 Daniel A. Bell and Chenyang Li (eds.), *The East Asian Challenge for Democracy: Political Meritocracy in Comparative Perspective* (New York: Cambridge University Press, 2013)。

有力的政治支撐。

薄弱的民主力量

香港的保守力量的強大，其對中英兩國政府的影響的巨大，和香港人對民主的複雜態度，都制約着香港的民主化的速度和幅度。與此同時，香港的推動民主改革的力量又鍥而不捨地以各種行動，包括鬥爭手段來爭取政制的改革。中國政府、英國政府和香港內部的對民主發展持不同態度的人和勢力之間的互動和衝突塑造了香港過去幾十年的民主發展道路。在中英政府的主導下，並在香港內部的保守和溫和力量的牽制下，假如沒有支持民主力量的積極爭取，恐怕香港的民主進程會更慢一些。然而，香港的民主運動卻不具備足夠政治能量在短時間內基本上完成民主化過程，因而政制改革的問題在香港長期是重大的公共議題。

香港的民主發展的推動力除了"九七"問題的出現和中英兩國政府外，應該說是由各種不同的反對派勢力所組織和領導的民主運動。事實上，早在香港前途問題浮現之前，某種形式的民主運動其實在香港前途問題出現前已經誕生，"九七"問題的出現為它注入了強大的動力，"六四"事件的爆發讓它進一步壯大，而在過渡期內殖民政府和彭定康對它更給予大力的扶持。回歸後民主運動雖然因《基本法》第 23 條的本地立法引發民憤和大規模示威遊行而獲得新動力，但長遠而言氣勢有所下降。不過，香港人對特區政府施政表現的失望及對政治、經濟和社會狀況的不滿讓它得以保持相當的規模和活力，而每隔一段時間便發生的政制改革的爭議亦讓它得以持續不斷。然而，曠日持久和起落不定的民主運動無可避免要面對長期發展動力減弱的趨勢、連綿不絕的"路線之爭"、內部分化對立和言行激進化的傾向。

懷抱理想、滿胸激情和憤世嫉俗的年輕人愈來愈成為民主運動的重要成員，但卻又觸發民主運動內部的老一輩、比較世故的領導人與年輕一輩的積極參與者之間的"世代衝突"，削弱了民主運動的團結性。大大小小、此起彼落和變動不經的社會運動和政治行動在"原有"的反對黨派之外湧現，它們不受後者的制約和領導，甚至不時與它們競逐民眾和媒體的注視，總體作用是驅使民主運動愈趨極端和對抗性。民主運動的嬗變引發反對派與中央衝突的上升和香港內部政治矛盾的增加，但反對派與其他政治勢力的力量對比其實沒有出現根本性的改變，反而引起更多的香港人對政治有更大的疏離感和無力感，因此無法改變香港的民主發展的基本路向，即香港的民主化道路仍然是一條崎嶇不平、遙遠漫長和甚為獨特的道路。

過去較為流行的看法是香港人對政治冷感或恐懼，而且政治和社會參與程度低，所以香港難以產生大型的、有組織的政治行動。[130] 儘管這個觀察在今天對大多數香港人還適用，但自從 1970 年代開始，隨着眾多社會矛盾的浮現和香港人對公共服務和生活水平的要求不斷提高，各種爭取個體利益的行動

130　見 Lau Siu-kai, *Society and Politics in Hong Kong* (Hong Kong: The Chinese University Press, 1982)。

持續增加。[131] 更重要的是部分香港人的政治意識和參與公共事務的意向不斷提高。這些人的主要特徵是較為年輕、教育水平較高、比較多曾接受人文和社會科學的訓練、對西方的政治和社會理想較認同、從事公共與社會服務、法律、媒體、文化工作或自由職業。小部分在校的"熱血"大學生也是中堅分子。

這些政治活躍分子的出現,與香港的經濟起飛、教育尤其是高等教育的機會的增加、殖民管治愈來愈寬鬆和新一代土生土長的香港人對香港的歸屬感增強有密切關係。這些活躍人士感到香港存在不少社會和經濟不公的現象,希望通過集體行動喚起政府與社會的關注,促使某種社會改革的推行。他們組織和參與一系列規模不算大但卻頗受社會人士注意的行動和運動,主要揭露一些弱勢社群的苦況、批評一些政府政策的不當、對個別不公不義的事件發動抗爭、要求殖民政府開放更多的參政渠道等。他們的行動雖然取得一些成果,但對整個香港社會的制度和生態的影響卻有限。他們雖然控訴社會的不公義和不平等,但卻沒有對殖民管治作認真和嚴厲的批判和否定,基本上默認了殖民政府的"認受性",尋求在殖民管治的框架內尋找政治影響力和社會變革。[132]

除了"關心社會"的運動和行動外,因為內地的文化大革

131　Lau Siu-kai," Social Change, Bureaucratic Rule, and Emergent Political Issues in Hong Kong," *World Politics*, Vol. 35, No. 4 (July 1983), pp. 544-562.

132　Alvin Y. So, *Hong Kong's Embattled Democracy: A Societal Analysis* (Baltimore: The Johns Hopkins University Press, 1999); 及 Stephen Wing Kai Chiu and Tai Lok Lui (eds.), *The Dynamics of Social Movement in Hong Kong* (Hong Kong: Hong Kong University Press, 2000).

命而引發的一些"認識祖國"的政治活動也差不多同時出現。
參與者的焦點放在內地，對香港本身的問題的興趣不大。隨着
文化大革命的結束，反映內地權力鬥爭的事實的披露和崇高理
想與殘酷現實之間落差的揭示，不少參與者覺得理想破滅而意
興闌珊，"認識祖國"運動亦走向低沉。然而，這些不同取向
並且導致不同參與者互相傾軋的社會運動是後來的民主運動的
搖籃，不少社會運動的領導者和積極參與者更成為反對派黨派
的骨幹和領導人物。

　　香港前途問題在 1980 年代初遽然出現，讓大部分香港人
感到"措手不及"，因此觸發廣泛的恐懼和憂慮，這種心理狀
態是香港民主運動得以在短時間內冒起和壯大的溫床。當人們
對香港前景缺乏信心，而對中國政府、英國政府、殖民政府和
主流華人精英又欠缺信心的氛圍下，民主運動和民主派政黨的
出現為部分彷徨不安的香港人帶來了希望。各種反對勢力乘勢
而起，香港在短時間內出現大批與殖民政府和主流華人精英分
庭抗禮的反對派領袖。即使到現在，這批在 1980 年代崛起的
反對派領袖仍然是香港民主運動的中流砥柱。也可以這樣說，
"九七"問題在香港歷史上是最重要的孕育反對派力量和領袖的
因素。此後的發展再也沒有出現對反對派同樣有利的政治環境。

　　構成民主運動的政黨和團體為數不少，但群眾基礎一般比
較狹隘和薄弱，內部團結性也不強，行動規模也不算大，但仍
然贏得不少香港人的同情，即便人們給予民主運動的實質支援
其實不多。民主運動內的團體和人士的目的和訴求不盡相同。
部分以反共為鵠的，部分認為"九七"回歸為香港帶來民主改

革的機會，而部分則相信民主發展會帶來社會和經濟的變革。部分民主運動參與者提出"民主抗共"或"民主拒共"的口號，爭取在"一國兩制"下把香港建立為"獨立政治實體"，達到"完全自治"，將中央置於香港特區門外，防止中央干預香港事務。部分人甚至期盼香港的民主發展能夠讓香港成為華人社會民主化的"先鋒"，並以其成功經驗為其他華人社會特別是內地"垂範"，促使中國走上西方式的民主化道路，從而完成"和平演變"的過程。這些人認為，只要中國走向民主化，香港的前途才有保障。香港如果在中國的民主化過程中擔當重要推動和催化的角色，不但是香港的光榮，也是香港人的歷史"使命"。

另外一部分參與者舉起"民主回歸"的大旗。他們不在乎中國的民主發展，他們在意的是香港的民主改革。在香港仍然為英國的"殖民地"的時候，縱然他們不滿"殖民地"的政治體制和管治模式，更不滿意他們作為社會精英卻在政治上處於"寄人籬下"的鬱悒狀態。他們相信，香港回歸中國並實行"港人治港"和"高度自治"是香港推行民主政治的黃金契機。在"機不可失"、"時不再來"的急迫感驅使下，這些人一方面接受並歡迎香港回歸中國，但同時又要求中國政府承諾在香港實行全面民主。在這些政治主張的背後當然是那些人銳意要成為回歸後香港的管治者，希望"九七"問題為他們帶來其他殖民地需要經過長年累月和流血鬥爭才能取得的執掌政權的機會。基本上，他們以為自己是中國政府願意接受甚至是最合適的"治港"港人的"人選"，是貫徹中國政府的"一國兩制"方針的忠實力量。當然，儘管他們比較少發表反共言論，但作為深受西方文化影響的人，其內心對社會主義和中國共產黨沒有好感卻是彰彰明甚的。

更有一些民運人士不但追求民主發展，而且希望藉助民主選舉所帶來的**政治權力再分配**的＂契機＂改造香港的不公平的社會和經濟制度。他們不認同香港的自由放任的資本主義制度，認為是造成貧富懸殊、＂官商勾結＂和階級矛盾的根源。他們主張某種帶社會民主色彩的制度和政策，政府則擔當重要的規範商業活動、防止壟斷、提供慷慨福利、確保全民就業、建立相當累進的稅收制度和適當的平均財富的角色。這些主張與維護香港原有的制度和生活方式的提法相互抵觸自不待言。

其實，持有這三類立場的人之間的界線並不清晰。認同某一個立場的反對派人士就算不支持另外兩類立場，但也不完全反對，甚至寄予一些同情。不過，反對派在民主改革的立場甚為具體，訴求強烈，而爭取的決心亦大。相反，他們在推動中國民主化和香港的經濟社會改革上的主張卻頗為空泛和模糊，投入的時間和精神也相對有限。畢竟，反對派人士認為，沒有比奪取政治權力更重要和迫切的事。只要權力在手，其他政治、社會和經濟目標才有可能達到。以此之故，他們視中國政府為對手，集中力量向它施加壓力。不過，總體來說，香港的反對派缺乏政治鬥爭的經驗、政治合作和妥協的歷練、以至從失敗而來的經驗總結與反思，其政治主張頗為理想化，甚少關注在達到理想過程中的困難和障礙，不太研究＂克敵制勝＂的計謀和策略，也不太懂得忍讓、妥協和協商的道理。他們過分相信信念、理想和原則的道德感染力和政治動員能力，但卻漠視政治力量的動員與積累及策略與權術的運用。可以說，從一開始他們的“民主事業”便在種種主觀和客觀條件不足的情況下啟動。

然而，無論是哪一路的反對派勢力，對英國人來說在回歸中國前的過渡期內都有拉攏的價值，主要是用來支持和配合殖民政府的“代議政制”改革和抗衡中國政府和它的支持者，迫使中國政府在香港民主發展上做出讓步，進而維護英國在回歸前和回歸後的種種利益和影響。“代議政制”改革下的立法局和區議會選舉為反對派黨派和人士製造了壯大的機會，更重要的是讓他們通過進入正式的政治機構中參與“殖民地”的管治過程。自此之後，反對派可以同時在政治體制內和政治體制外進行“聯動”，利用政治體制內的權力和資源促進社會上的反對派的組織與運動的勃興，而政治體制外的反對派力量又可以為體制內的勢力發動群眾和籌集民間資源。英國人給予反對派的扶助對反對派勢力的迅速膨脹起了很關鍵的作用。殖民政府在撤退前積極扶植反共媒體和容許以至鼓勵其香港電台“變身”為監督當權者的“公共廣播機構”在相當程度上提升了反對勢力在香港人中的政治影響力。

1989年春夏之交在北京爆發的“六四”事件嚴重加深了香港人對前途的憂慮和恐懼，引發了連場大型群眾遊行，矛頭直指中國政府，一時間香港人與中國政府的關係降到冰點。“六四”事件加強了香港人對“民主抗/拒共”主張的認同，大大增強了反對派和民主運動的政治能力，也造就契機讓一批反共鬥士成為新的反對派領袖。“六四”事件後英國遽然改變對

華政策和單方面推動香港進一步民主化使得殖民政府與反對派
勢力在政治上的合作更為密切，儼然建立了與中國政府和其支
持者進行政治較量的"非神聖同盟"。在殖民管治結束前兩年，
反對派在殖民政府的襄助下成為立法局最有影響力的黨派，風
頭一時無兩，受到殖民政府的刻意尊重和依靠。在整個反對派
的短暫歷史中，香港回歸前的兩年應該是反對勢力在政治上最
風光的時候。

　　毫不意外地，回歸後的情況與回歸前截然不同。在舊建制
和新建制勢力共同主導下，反對派勢力雖然仍然在政治體制內
活動，但在特區政府的冷淡對待下能夠發揮的作用大為減少。
董建華政府以斷然手法撤銷了市政局和區域市政局，此舉對反
對派的發展構成一定的打擊。香港人對"一國兩制"的信心維
持在較高水平，減少了他們對反對派在政治上的需要。回歸以
來，堅持"民主抗／拒共"的人有下降的趨勢，説明了這套主
張在香港的意見市場的叫座力不復從前。

　　然而，香港特區自成立後，種種金融、經濟和民生問題紛
至遝來，各種社會矛盾不斷惡化，香港人對現狀和前景既不滿
且悲觀，特區政府的管治能力和表現頗多令人咎病之處，不少
民怨民憤向特區政府和特首聚焦。反對派的攻擊重點逐步由
"不插手"香港事務和尊重香港"高度自治"的中央政府轉移
到飽受民眾批評和揶揄的特首董建華身上。他們的民主訴求也
從"抗共"和"拒共"轉化為解決香港的"管治危機"、提高政
府的"認受性"、提升政府管治能力、加強政治問責、防範行
政弄權、防止警察權力過大、結束"官商勾結"、維護香港的

"核心"價值、促進公平公義、制止階級剝削、改善民生狀況和培育政治人才等具體目的和要求掛鈎。與此同時,他們繼續以"平反六四"、"釋放民運人士"和結束"一黨專政"等反對中央的訴求來凝聚群眾的支持,並讓自己長期站於政治"道德高地"上。這些為民主運動注入新動力的行動無疑取得一定的成果。的確,就算缺少了英國人的呵護,反對派仍然有足夠的立足點去取得相當部分香港人的支援。

特區政府為《基本法》第 23 條進行本地立法雖未竟全功,但卻觸發香港人對喪失人權和自由的深切擔憂,衍生了一場特區成立以來規模最大、為數達幾十萬人參與的示威遊行。這場反對政府的大型行動為民主運動注入強心針,起碼在短期內強化了反對派在群眾中的聲勢和支持。更重要的是提供機會讓新一批反對派政治領袖得以冒起。《基本法》第 23 條立法和其所觸發的大型群眾示威遊行把反對派的聲勢推向回歸後的高峰。反對派的候選人屢次在立法會分區直選和區議會選舉中取得佳績可為明證。

香港政治形勢的惡化,迫使中央改變其"不干預"政策,以"不干預但有所作為"方針取而代之,主要內容乃採取積極措施扶助香港經濟的發展。中央的各項"惠港"政策和措施,特別是 CEPA(香港與內地更緊密的經貿合作關係)、內地旅客的"自由行"、內地企業來香港投資和上市與人民幣業務的開拓,在香港面對經濟困難,香港人憂心忡忡的時候給予援手,改變了香港經濟低迷的局面。中央的各種舉措逐步改變了香港人對中央和內地的態度。香港人對中央的信任有所提升,但波動性也不少，取決於內地發生的一些事情對香港人心理上的衝擊。香港人也愈來愈意識到香港與內地的唇齒相依的經濟聯繫。這方面形勢的發展進一步壓縮了"反共"主張的號召力。曾蔭權政府上台後的頭幾年，政府與群眾的關係有明顯的改善，反對派難以有所作為，但在立法會分區直選中仍有優勢。然而，貧富差距的進一步惡化、房屋問題趨於嚴峻和政府的頻頻失誤，讓反對勢力有反撲的機會。梁振英政府上台後特首和部分高層官員涉及到個人誠信的醜聞的頻密出現、政府的用人政策被視為不公、政府的施政在反對派的阻撓和部分建制派的不協助下一籌莫展，嚴重削弱特區政府的管治權威，讓反對派有機可乘，集中火力在梁振英身上並以他本人作為擴大香港人的民主訴求的利器，強調香港必須普選特首才可以避免出現類似梁振英的人通過"小圈子"選舉成為特首的情況。

　　在這裏必須指出，從 1980 年代初開始，反對派的力量起落不定，但總的趨勢是逐步走低，內部越來越分化內訌，言行則愈趨激進。這幾個現象其實互相關聯，互為因果。造成這些現象的主要原因，除了來自殖民政府的扶持消失外，是香港人對"一國兩制"、中央政府和香港與內地關係的態度轉趨理性和正面，矛盾和糾紛縱然存而且有時頗為激烈，但難以再讓"反共"宣傳在民意市場中有巨大的吸引力。藉助香港人對政府和現狀的不滿和對香港前景的擔憂雖仍有一定效用，但其群眾動員能力卻難以與回歸前的"九七"問題和"恐共"情緒相提並論。儘管在中央和建制派的眼中，反對派所領導的民主運動已經取得很不錯的"戰績"，但在大多數反對派人士的心目中,香港的民主發展步伐遲緩,離全面民主化甚為遙遠。所以,反對派內的怨毒不平之氣不斷走高,鬥爭手法容易走向偏激。"九七"問題的解決和香港人對"一國兩制"的實施大體上持正面評價,使得香港的政治土壤和氣候對孕育新一代反對派人才不太有利,年輕人在政治上"上位"機會減少,但"老一輩"領導人則尚未到"讓位"之時,而且從個人利益考慮也抗拒過早"讓位"。年輕一輩的反對派人士又覺得"老一輩"反對派領袖過於保守,幾乎已經嵌入建制之中而不自知。這便產生了兩個後果。一個是反對派黨派內因出現"世代"之爭而不時導致分化和分裂。另一個後果是較年輕和較激進的人轉而在反對派黨派之外另搞社會運動和另外策動抗爭行動,一般而言這些行為較為激烈,通常針對個別議題或事件,而且有時發生暴力衝突。純粹為了洩憤、宣洩和表現個人"英雄主義"的行動更不在少數,被針對的對象包括中央駐港機構、特首和特區官員、建制派政治人物、"親共"媒體甚至內地同胞。這些社會和政治行動對比較"溫和"的反對黨派又產生一些"倒逼"的效果,促使他們不知不覺間走向較激進的道路。民主黨和公民黨近年來的變化正好反映了激進反對勢力的冒起。不過,反對派的分化、群龍無首和激進趨勢導致他們與中央和建制勢力的鬥爭不斷升級,致使後者以更強硬和對抗性的姿態與反對派周旋,而在民主改革一事上的立場則更為審慎和堅定。香港內部的政治鬥爭沒完沒了,窒礙了香港的長遠發展和特區的有效管治,在在加劇了香港人對政治的疏離感和厭惡,連同反對派和建制派在內的香港所有的政治勢力都蒙受其害,全部都愈來愈不受香港人的信任。對建制派而言，他們依靠群眾支持的程度不算高，所以香港人的不滿對他們的傷害不算太嚴重，但高度依賴群眾支持的反對派卻受害甚深，明顯削弱了他們的動員能力和民主運動的政治能量。[133]

　　總體而言，雖然反對派勢力自 1980 年代以來取得長足的發展，在社會上擁有比建制派更豐厚的群眾基礎，在各級議會的分區直選中享有優勢，在政治架構中佔有位置，而且在民主改革進程中又拿到一些成績。然而，經過三十多年的爭取後，他們特別是那些年過半百的人始終覺得香港的民主程度遠未"達標"，他們尚未完成"未竟之志"，怨憤之氣無法平伏。他們成功把民主化議題成為長期的重要公共議題，並成功迫使中央和建制勢力在政改問題上部分滿足他們的訴求，然而卻未能迫使他們完全滿足他們的願望。客觀上，這反映了在實質政治力量對比上，反對派遠遠落後於擁有龐大經濟和政治資源的中央和建制派。由於中央享有香港政制改革的主導權和決定權，而建制派又擁有龐大的經濟資源和巨大的談判籌碼，因此除非反對派能夠發動極大的政治打擊力量，比如發動連綿不斷的大型群眾鬥爭，對中央和建制派的利益造成嚴重損害，否則只能取得中央和建制派的有限度讓步。從另外角度看，為了維護香港的穩定、回應香港人的民主訴求和履行中央對香港民主化的承諾，中央和建制派也不能不在政改問題上有所作為，因此對反對派的要求必須作出一些正面回應。在這種政治格局中，香

133　見劉兆佳，"沒有執政黨的政黨政治，"載於劉兆佳，《回歸後的香港政治》，第 160-199 頁。

港的民主發展在各政治勢力較量和拉鋸下必會不斷以漸進方式前進，但反對派在短期內完成民主大業的希望則殊難達到。

為甚麼反對派所領導的民主運動無法發展為規模龐大、氣勢磅礴和越戰越勇的群眾運動呢？原因其實不難找到。總觀香港過去三十多年的歷史發展，我認為可以總結為幾個重要因素。

首先是殖民政府的懷柔管治所造成的對香港民主發展的羈絆。殖民政府銳意扶植作為“同路人”的華人精英成為了現行“非民主”政治體系的既得利益者，其社會地位和財富收入與那個政治體系有機和緊密的連在一起，因此在政治上不可避免地是龐大和頑固的保守力量。由於英國人的經濟利益與華人精英的經濟利益一致，所以即便是為了“光榮撤退”而不得已要推行“代議政制”和扶持反對派，但殖民政府仍要讓華人精英享有比其他人較多的政治權利。中國政府對華人精英的倚重比殖民政府有過之而無不及，對他們的“統戰”工作更是不遺餘力，全面而又細緻。華人精英對民主化的擔憂和恐懼更是中國政府在設計香港特區的政治體制時不能不充分考慮的因素。如何保持香港原有的資本主義制度特別是其小政府和低稅政策的特色是特區的政治體制必須優先照顧的事項，藉以防止資金和人才外流，並保持香港的經濟活力和社會安定。華人精英特別是商界翹楚對於民主化的態度對中央有很大的影響。香港的民主化在一步一步走的同時也賦予華人精英特殊的政治權利和照顧。

如前所述，殖民政府的懷柔管治在香港社會中衍生了一種

矛盾和猶豫的民主觀。香港人既對民主政治有憧憬和嚮往，但
又恐怕繁榮、穩定和香港與中央的關係受損。這種民主觀基本
上只能支撐一個溫和的民主改革進程，而不會支援急進的民主
化步伐。如果民主改革帶來過多的混亂和衝突的話，香港人的
政治文化隨時有可能重新認可威權主義和容許民主的倒退。如
何在保持香港人對民主運動的支持但又要加快民主發展步伐，
的確經常陷反對派領袖於兩難局面。

　　第二，香港民主運動的目標最大化取向最後讓自己陷入困
局。不錯，反對派勢力視"九七"回歸為香港擺脫"殖民地"
的威權統治，走向民主政治的"契機"，因為殖民政府在無需
撤退下不會推行"讓權"的政策。然而，反對派不但高估這
個"契機"所開拓的機會和空間，也過多地把所有訴求都"押
注"在這個"契機"上，而且期望在極短時間內達到"克敵制
勝"的戰果。然而，一方面，中國政府從來也絕對不會將回歸
後的香港變成西方民主的試驗場或"試點"，因為這不是"一國
兩制"的願意和初衷。任何扭曲"一國兩制"的目的的意圖都
難以得逞，因為它會損害國家利益，也必然會遇到中國政府的
堅決反對。反對派同時希望"九七"回歸帶來政治、經濟和社
會體制的深刻改革，更是不切實際的幻想。從短期策略考慮，
提出最大化（maximalist）的要求有利於以"崇高理想"快速進
佔道德高地和爭取同情者，但卻無可避免地侵犯了不少既得利
益者的利益，使得他們在惶恐和憤怒下團結起來保衛自己的利
益。中央對反對派推動中國"和平演變"的意圖忐忑不安、工
商財團對"財富和收入再分配"的提法恐懼莫名、保守中產人

士對民粹主義和福利主義的焦慮擔憂，都為反對派所領導的民主運動帶來眾多的懷疑者和反對者，為民主發展製造更多的阻力。假如反對派在開始的時候能夠約束和減少民主運動的要求，放棄改變中國共產黨在中國執政的事實的念頭，揚棄急遽改變香港的經濟和社會現狀的目標，從而減少中央的憂慮，緩和部分既得利益者的恐懼，把香港內部的部分建制勢力團結起來，一起向中英兩國政府爭取，也許香港的民主化進程會順利和容易一些。可惜的是到目前為止反對派不但沒有向這個方向調整策略，反對背道而馳，為民主運動製造更頑固和團結的對立力量。香港的民主運動反對派內部的不同訴求和他們的凝聚性不足都難以讓他們能夠集中優勢力量，聚焦於若干有現實意義的目標，爭取朋友和減少敵人，和有策略和步驟地謀求目標的達致。結果是，反對派以其有限的力量和群眾基礎卻同時向幾股強大的力量挑戰，達到目的的機會自必大減。反對派不能使其有限力量凝聚起來去追逐現實可行的目標，在相當程度上其實反映了他們缺少政治經驗，過度依靠激情和理想驅動，內部缺乏團結性，只能各行其是，而激進的主張更在內耗不已的環境中容易取得主動權。

　　反對派的"民主拒共"或"民主抗共"路線雖然有利於他們可以藉助"道德力量"在政治上崛起和初期的快速壯大。但這種把矛頭指向中國共產黨的"短視"策略卻為他們往後的發展造成障礙。當中央對香港的民主發展擁有最後決定權，而香港人又愈來愈不支持與中央對立或鬥爭的政治立場時，反對派的群眾基礎便愈來愈狹隘，其政治能量和動員力也轉趨下降。

他們惟有等待時機，間歇性利用群眾對中央、特區政府和建制勢力的不滿和失望來策動較大規模的集體行動，並以此作為突破口推動政制的進一步民主化。但這種被動的、依靠對手犯錯誤才得來的政治機會雖然偶爾出現，但作為強化反對派的因素卻並不有效、有力和持久。

　　第三，反對勢力缺乏強勢領導和組織。香港的反對勢力並非以一個或少數強大組織為載體，而是一個龐雜和鬆散的政治網路，其成員來自眾多的黨派、論政團體、媒體、公民團體、壓力團體、宗教組織（主要是基督教和天主教）、工會、地區團體、學生組織和專業團體（教育界、新聞界和法律界尤其重要）等組成。[134] 各個團體或組織大部分時間獨立運作，但在緊要時刻則組成聯盟互通聲氣和聯合行動。直到現在，能夠統領和駕馭整個反對派的全港性的組織基本上不存在。在這個背景下，香港很難出現龐大和持久的民主運動，更遑論享有崇高威望的民主領袖。參與民主運動的個人和團體除了在爭取民主改革上有共同點之外，在其他訴求方面差異很大，彼此之間的互信程度也不算高。有些時候由於憂慮被敵對勢力滲透、策反或離間，反對派人士之間甚至會彼此懷疑，損害團結。自從 1970 年代以來，隨着政治氛圍愈趨寬鬆而社會矛盾愈趨嚴重，各種民間團體和運動如雨後春筍般生長起來，"九七"問題的來臨更為民間社會的壯大添加動力。過去幾十年來的社會運動和衝突的上升，其中大部分矛盾主要圍繞着生活和民生問

134　這裏所指的民間團體是那些對民主改革議題有興趣和程度的團體，不包括那批數量不少的，政治上支持中國政府、殖民政府和特區政府的團體。

題，對民間社會的發展有極大的推動作用。[135] 民間社會的發展，又成為民主運動的堅實基礎。在極端情況下，特別是當香港人的憤怒和恐懼達到高峰時，民間團體、政治團體和媒體在相互激盪下可以產生大規模的抗爭行動。即便那些行動不會持久，但對當權者的打擊能力不可小覷。2003 年爆發的幾十萬人參與的大遊行便是很好的例子。當時，大批團體結合為名為民主人權陣線的網路，攜手動員民眾參與遊行，表達對《基本法》第 23 條立法和特首董建華的憤怒。[136] 不過，這類大型集體行動數量極少，而且也不持久。很快各個團體便重新回到各自運作的局面，而在它們頭上的"綜合組織"（umbrella organization）從來都沒有領導、統籌和維持紀律的權力和職能。統領機構的缺乏固然不利於民主運動的壯大發展和提升戰鬥力，但其實更重要的是民間團體和公民社會的總體規模和力量本來就不強。社會和政治團體雖多但成員不多、群眾基礎薄弱和資源不足，這和香港人的政治和社會參與程度不高有關。此外，大部分的民間團體關注的不是政治事項，而是具體和實際的利益和政策。香港基本上是中產階級社會，勞工階層的人數有限，

---

135 見 Anthony Bing-leung Cheung and Kin-sheun Louie, *Social Conflicts in Hong Kong, 1975-1986: Trends and Implications* (Hong Kong: Hong Kong Institute of Asia-Pacific Studies, The Chinese University of Hong Kong, 1991); Lau Siu-kai and Wan Po-san, *Social Conflicts in Hong Kong 1987-1995* (Hong Kong: Hong Kong Institute of Asia-Pacific Studies, The Chinese University of Hong Kong, 1997) 及 Wan Po-san and Timothy Ka-ying Wong, *Social Conflicts in Hong Kong 1996-2002* (Hong Kong: Hong Kong Institute of Asia-Pacific Studies, The Chinese University of Hong Kong,2005)。

136 見陳韜文編，《七一解讀》（香港：明報出版社，2004）；又見 Francis L.F. Lee and Joseph M.Chan, *Media, Social Mobilization, and Mass Protests in Post-Colonial Hong Kong: The Power of a Critical Event* (London: Routledge, 2011)。

只有小部分工人加入工會，加上各個工會又因為對中國政府持不同態度而產生分化，進一步削弱了工會的政治力量。中產階層中較勇於投入民主運動的人以教師、社會工作者、律師、非政府組織成員和新聞從業員為多，但只占整個中產階層的一部分，而且並非當中最有權力和資源的人。基督教和天主教的教會和信眾對民主改革的態度較為積極，但真正能夠發動出來的力量實屬有限，不少神職人員和教友對於參與政治活動仍有疑慮。大體上，願意經常參與和支持反對派團體的活動的人不多，而願意捐助金錢予它們的人也少。雖然個別團體規模較大，資源較多，比如教師組織、工會和宗教團體，但與其他地方比較在政治領域而言仍不算是強大組織。誠然，香港的公民社會在香港的民主化過程中有着不容忽視的作用，但肯定無法擔當主導的角色。長遠來說，隨着新一代的興起，香港的公民社會仍有發展的空間和推動民主化的重要角色，但在可預見的將來這個頗為割裂（fragmented）社會力量仍不足以與中央和香港的建制力量抗衡，難以承托一個龐大的民主運動，因此亦無法讓反對派達到他們的目標。[137]

　　另外一個值得注意的發展，是來自公民社會的一些社會運動有愈趨激進化的勢頭，主要是因為原來的社會矛盾比如階級矛盾和勞資矛盾惡化，新的反映"後物質主義"（post-material-

---

[137]　見 Stephen Wing Kai Chiu and Tai Lok Lui (eds.), *The Dynamics of Social Movement in Hong Kong* (Hong Kong: Hong Kong University Press, 2000); Ming Sing, *Hong Kong's Tortuous Democratization: A Comparative Analysis* (London: Routledge, 2004), 及 Ma Ngok, *Political Development in Hong Kong: State, Political Society, and Civil Society* (Hong Kong: Hong Kong University Press, 2007)。

ist）社會矛盾（比如保育、環保、城市規劃）浮現，及憤世嫉俗的年輕人愈來愈成為社運的主力。公民社會的變化使得不少社會運動一方面與部分長期帶領民主運動的黨派"分道揚鑣"，另一方面則催逼原來比較溫和的反對派黨派採取較激進的路線。如此一來，反對派與中央和建制派的摩擦有增加的趨勢，而一般香港人對反對派的顧慮亦有所上升。

　　民間團體、社會運動和公民團體在一些國家和地區的民主化過程中的確擔當重要的角色，尤其當它們積極參與政治行動並以打倒獨裁和爭取民主為鵠的時。[138] 它們與反對派黨派雖然不是合作無間，但頗能互相配合，形成"合力"，強化了整個民主運動的氣勢和能量。香港不少反對黨派的領袖過去依靠社會運動而發跡，但在組織政黨、參與選舉並晉身議會後，他們便有政治需要調和和協調多一些的利益和觀點，妥協和讓步便成為必要的東西。為了取得更多人的支持，他們在言行方面的激烈程度也需要稍微下降。如此一來，反對派黨派與專注於一個議題和目標的壓力團體和社會運動之間在目標的優先次序和爭取方法上便會發生齟齬，彼此間的關係會變得疏離。在特大政治事故出現、民憤極大、需要共同抵禦強敵、共同目標壓

138　台灣、南韓和東歐國家可為例子。見 Shelley Rigger, *From Opposition to Power: Taiwan's Democratic Progressive Party* (Boulder: Lynne Rienner Publishers, 2001); Linda Chao and Ramon H. Myers, *The First Chinese Democracy: Political Life in the Republic of China on Taiwan* (Baltimore: The Johns Hopkins University Press, 1998); Sunhyuk Kim, *The Politics of Democratization in Korea: The Role of Civil Society* (Pittsburgh: University of Pittsburgh Press, 2000); Victor Sebestyen, *Revolution 1989: The Fall of the Soviet Empire* (New York: Vintage Books, 2010), 及 Padraic Kenney, *A Carnival of Revolution: Central Europe 1989* (Princeton: Princeton University Press, 2002)。

倒一切時，反對派黨派與民間組織會彙集力量，發動大規模集體行動，但時機過後便回復各自修行的狀態。近年來，隨着“後物質主義”議題的抬頭和年輕激進分子越來越成為社會運動的生力軍，公民社會與反對派黨派之間的矛盾增加，部分反對派黨派在公民社會的牽引下也趨於偏激，導致反對黨派和民間團體在合作上困難日增，形成“兩蒙其害”的局面。反對派黨派既然不能得到公民社會的鼎力支持，它們的政治動員能力和戰鬥力難免受損，更難以迫使中央和建制勢力“就範”。政黨既然不能在公民社會內的團體和組織之間居中協調和整合訴求，各個團體或組織便更會各自為政，以更極端手法爭取其認為凌駕一切的目標。總體結果是削弱了反對力量的“綜合”力量，而香港人對愈趨激烈的反對派的認同和支持亦會與日俱減。[139]

　　與建制勢力比較，反對派擁有較多的受香港人接受的政治領袖，不過反對派的政治領袖也不具備雄厚的群眾基礎，是以其政治動員能力也不宜高估。一般而言，香港人對各方面的領袖或翹楚的信任度偏低，反對派領袖也不例外。從客觀的角度分析，反對派領袖可以藉助反映香港人的一些政治訴求和代表他們監督和制衡當權者以贏取一些群眾的好感和支持，並在立法會和區議會的分區直選中取得佳績，但要獲得香港人的高度信任和全心全意的擁護卻難乎其難。最大的原因是反對派領袖

139　有關政黨與社會運動“合則兩利、離則兩傷”的論述，可參考 Seymour Martin Lipset and Jason M.Lakin, *The Democratic Century* (Norman: University of Oklahoma Press, 2004), pp. 126-128; 及 Michael W. Foley and Bob Edwards, "The Paradox of Civil Society", *Journal of Democracy*, Vol.7 (July 1996), p. 40。

無法讓香港人相信他們有承擔和能力去為香港人做事。鑒於香港不能走向獨立、從未出現反殖和獨立運動和中英政府在政治力量上有壓倒性優勢，香港本地的領袖不但缺乏機會來顯示和證明其實力和能力，香港人也不相信他們有能力與兩國政府抗衡，更遑論"制敵致勝"，所以不會義無反顧地追隨他們。另外，在香港當反對派領袖實際上不用付出機會成本，反而會帶來豐厚回報。英國人需要倚重反對派，絕對不會做對他們不利的事。中國政府為了贏取民心和強化各方面對香港前途的信心，更不會加害於反對派。反對派可以很安全地和放心地去反對和對付中國政府、特區政府和建制勢力，並以此來籌集政治資本和在選舉中獲勝。相對於很多其他地方的反對派所需要付出的沉重代價，包括獻出寶貴的生命，香港的反對派可算是"溫室"中的反對派。就算有反對派人士有心成為"烈士"，當權者恐怕也不會讓他們"如願以償"，避免讓他們成為"人民英雄"。所以，反對派人士在香港受殘酷迫害或酷刑相加的事例幾乎絕無僅有。但是，如此一來，他們便失去向香港人證明他們對香港民主發展的精忠和決心。香港人因此也只能以半信半疑的態度對待反對派。大部分人會將選票投給他們的候選人，但卻不願意作出更有意義和實質的支持和奉獻。反對派的領袖既然不能讓香港人相信他們有能力迫使中英政府回應他們的要求，復未能令香港人感受到他們的承擔和勇氣，則要在香港成為具有威望崇隆的反對派政治領袖便是難於登天的事。弔詭的是，如果香港人不願意竭誠擁戴反對派領袖，則他們在中英政府面前也不會有雄厚的博弈籌碼。本地政治領袖不斷走弱的惡性循環便是自然的結果。近年來國家的快速崛起和香港對國家的價值逐步下降更使這個惡性循環加速運行。

　　第四，反對派的政治主張並不完備，沒有具體說清楚究竟他們有那些策略和措施去達到目標，也沒有辦法解除香港人對民主改革的矛盾猶豫態度。上面已經提過，他們對民主改革的目標比較清晰，但有關中國民主化和香港社會經濟改革的目標則模糊不清，更遑論提出有說服力的達到目標的手段和過程。即便在民主改革一事上，反對派幾乎全盤接受西方政治學教科書的說法，宣稱民主改革可以"治癒"各種政治痼疾，並促使香港的社會經濟向前發展。他們很少就香港人對民主的顧慮和猶豫發表意見，更談不上運用有效手段予以紓緩或改變。[140]誠然，注重民主理想和原則讓實質權力和資源有限的反對派能夠立足在"道德高地"之上，並在話語權上壓倒其他力量，但過分注重理想和原則卻又容易在民主運動內製造無休止的爭論、衝突和分裂的因數。反對派人士經常徘徊於道德及理想論述（moral and idealistic discourse）與物質及務實論述（material and pragmatic discourse）之間，但基本上以前者為主，因此主觀政治目的闡述往往掩蓋了客觀的策略的分析。反對派人士往往因為些微的思想分歧而大動干戈，正好反映了他們對政

140　過分集中在政治權力的爭奪上，但卻只有空泛和虛空的政治、社會和經濟目標和行動綱領和策略的論述，肯定不利於爭取群眾。蘇聯解體前急速崛起的各類爭取打倒蘇聯共產黨的民主團體和運動便犯下這些毛病。見 M. Steven Fish, *Democracy from Scratch: Opposition and Regime in the New Russian Revolution* (Princeton: Princeton University Press, 1995) 及 Brian K. Grodsky, *Social Movements and the New State: The Fate of Pro-Democracy Organizations When Democracy is Won* (Stanford: Stanford University Press, 2012)。

治"純潔性"的執着和銳意樹立自己為一股"道德力量"的集體追求。既然反對派將誠信、正直、人格、廉潔等道德性的東西視為政治鬥爭的焦點和手段,但道德和原則之爭卻又難以讓步,否則便成為"叛徒",則反對派以務實和忍讓態度與對手妥協,共同推進民主發展的空間便大為縮窄,而彼此對立對抗的機會便反而大增。[141]

反對派人士明明知道中國政府、主流精英和"愛國愛港"力量對民主改革有抵觸情緒,但除了不斷發動群眾與這些比他們更強大的力量對撼外,很少會想方設法減少他們的憂慮或克服他們的阻撓。他們無視商界對福利主義和民粹主義的擔憂,也無視中國政府對香港變成讓敵對勢力對付中國的"反共基地"的憂慮。反對派提出的民主理想照搬西方的一套,在社會上難以產生廣泛共鳴。反對派又未能提出切合香港實際情況的民主理論和實踐計劃,復又不能回應香港人對民主改革的憂慮、既得利益者的恐懼和中央的顧慮。關注民主化與香港原有的一些重要制度和政策會否相互抵觸的人也不多。例如,香港原來的有限職能政府、低稅制、有限度的福利供給、市場主導等香港人珍視的東西會否因民主化而受到破壞等議題很少受到反對派的關注。推動民主化的人傾向迴避談論民主化所會帶來的"不良"後果,也不會承認可以有不同於西方民主的"香港

141　見 George Lakoff, *Moral Politics: How Liberals and Conservatives Think* (Chicago: The University of Chicago Press, 2002); Muthiah Alagappa (ed.), *Political Legitimacy in Southeast Asia: The Quest for Moral Authority* (Stanford: Stanford University Press, 1995); Amy Gutmann and Dennis Thompson, *The Spirit of Compromise: Why Governing Demands It and Campaigning Undermines It* (Princeton: Princeton University Press, 2012)。

特色民主制度"的存在，因此他們沒有辦法提示一套切合香港現實情況的民主發展理論，只是照搬西方的理論，務實和機靈的香港人難以被打動。訴諸於對中國共產黨和特區政府的不信任更難以產生大規模的政治動員結果。香港人既擔憂中共可能採取"報復"行動，又不認為民主派可以取代建制派執政，因此難以義無反顧的支援民主改革。過分聚焦在選舉辦法顯示反對派的首要目標在於奪取政治權力特別是"執政"權力，但卻無法說服中央與香港人讓他們"執政"不會帶來嚴重後果。近年來香港的"後物質主義政治"抬頭，更加突出諸般牽涉到價值觀的政治議題，包括環保、保育、文化傳承、都市規劃等較為精神性的議題。當大部分香港人仍然是"物質主義"價值觀的擁護者，並對香港的國際競爭力和經濟前景不敢樂觀時，那些抱持"後物質主義"價值觀和輕視經濟發展的香港人尤其是年輕人的政治期望與現實政治更加脫節，因而怨毒之氣更加上升，否定和衝擊政府和建制勢力之心愈加熾烈。"後物質主義"議題的冒起，進一步削弱了原來的反對派政黨的力量和地位，原因是雖然相對於建制派的黨派而言，反對派黨派的"道德主義"和"理想主義"偏高，但對年輕一輩來說，那些反對派黨派因為已經進入現行政治架構之中，獲得豐厚的物質和地位的回報，而儼然成為"既得利益者"，所以難以給予高度信任。

　　當大部分香港人認為反對派和他們所領導的民主運動不能戰勝其對手時，反對派人士又未能讓民眾相信他們的民主事業因為擁有睿智的領袖和有效的策略而前途光明。一般來說，大

部分香港人覺得反對派沒有足夠力量、膽量和手段去達到他們
的政治目標，也不相信他們在回歸後有機會執掌管治權力，只
能以"永久的反對派"身份委曲求全，理性和務實的香港人自
然不會給反對派予堅決和大力的支持。[142]

第五，香港人的政治文化限制了民主運動所能運用的鬥爭
手段。在強大的對手面前，民主運動需要具備巨大的戰鬥力，
而大型和持久的激烈行動便是其中一種有效的武器。在香港這
種局部民主化的政治體制中，反對派雖然不能執掌政權，但無
論在政治架構內和政治架構外他們都有相當的力量。因此，他
們的政治組織同時具有正式的政黨和政治運動的雙重特徵。反
對派的政黨通過選舉走入特區的政治體制，但同時他們仍然高
度依仗群眾動員和社會運動去"造勢"和顯示力量。因此。激
進言行對反對派來說不僅是鬥爭手段，更是生存之道。[143] 在
其他地方，罷工、罷市、暴力抗爭、具有深刻象徵意義的非暴
力行動、佔領公眾地方、流血衝突、武裝鬥爭、內戰等手段屢
見不鮮。這些手段對當權者有很大的威懾作用，往往可以迫使
當權者退讓。可是，這些手段難以在香港使用，否則只會使反

---

142 在東亞社會中，"永遠的反對勢力"在政治上的前景一般比較黯淡。見 Peter R. Moody, Jr., *Political Opposition in Post-Confucian Society* (New York: Praeger, 1988)。

143 在一些尚未全面民主化的社會，非民主和民主的制度和政治並存。爭取民主的勢力在那些地方相當依靠激烈行動作為取勝的策略。見 Erica Chenoweth and Maria J. Stephan, *Why Civil Resistance Works: The Strategic Logic of Nonviolent Conflict* (New York: Columbia University Press, 2011); Adrienne LeBas, *From Protest to Parties: Party-Building and Democratization in Africa* (New York: Oxford University Press, 2011); 及 Andreas Schedler, *The Politics of Uncertainty: Sustaining and Subverting Electoral Authoritarianism* (New York: Oxford University Press, 2013)。

對派失去民心。香港人大體上滿意香港的現狀，也大體上滿意自己和自己家庭的情況，因此既不贊同任何破壞社會穩定的行為，更把安定和繁榮放在民主改革之上。無論人們對中央、特區政府和香港的建制勢力有不滿和怨懟，香港遠沒有到達一個香港人願意不惜一切與當權者鬥爭到底以徹底改變現狀的地步。相反，香港人對和平的抗爭行動採取優容態度，對語言和肢體"暴力"的包容性有所上升，但基本上他們反對過於激烈的行為，特別當那些會帶來嚴重人命傷亡的血腥暴力行為。直到目前為止，反對派手上的最大"殺傷力"武器是大規模的遊行、示威和佔領"公共空間"的行動，但假如當權者仍然拒絕讓步的話，他們便無法搬出更具威力的武器來。當然，不時會有人威脅會發動更激烈的行動，比如"佔領中環"、罷課、罷工或武力抗爭，但恐怕那些行動不但會引致民意的強烈反彈，更會招致當權者的強力鎮壓，對民主運動的開展更為不利。香港人的"穩定為先"的政治文化和"反暴力"的鮮明立場其實嚴實地限制了反對派的戰鬥力，從而使他們缺乏足夠的力量去迫使當權者在民主改革上作出重大讓步。

　　總而言之，無論在目標的選定上、在組織和領導能力上、在與對手的實力對比上和在群眾動員能力上，香港的反對派和他們帶領的民主運動都有不少不足的地方。從比較角度看，香港的民主運動只是一個規模不算大、組織力不算強、動員能力不算高且戰鬥工具不算多的一個集體行動。雖然這個行動能夠藉助"九七"問題的浮現而冒起並取得不錯的成績，但卻未能在短期內完成"民主大業"，主要原因之一是長時期"殖民地"

懷柔管治所形成的巨大阻力,具體體現在實力強橫的商界和專業精英的保守性和香港人的矛盾猶豫民主觀上。主要原因之二是中國政府和香港保守勢力結合起來所形成的、決心以"循序漸進"方式推行民主改革的龐大力量。反對派既不承認中央的"認受性"、不尊重中央的權力、不認同"一國兩制"方針和不接受《基本法》定下來的特區政治體制,他們提出的民主改革要求便難以取得中央的同意。中央不信任反對派,擔心假如反對派掌握權力的話,那些權力會用來破壞"一國兩制"在香港的落實,更嚴重的是用來顛覆中央政府和內地的社會主義制度。從保衛中央的利益和落實"一國兩制"的目標出發,中國政府與建制勢力聯起手來對付反對派便不足為奇了。

第五章　香港民主發展的獨特性

　　香港的民主發展過程與形態殊為獨特，堪稱為"香港特色的民主化"，難以與其他社會的民主化經驗相比較，只能從香港本身的歷史背景和現實情況來理解、分析和論述。在以上的論述中，香港民主化過程的獨特性其實已經躍然紙上。為了更清楚地凸顯這個獨特性，下面的討論將會較詳細地把香港的民主化經驗與其他地方的對比，也會談到西方的民主化理論應用到香港時的局限。[144]為了進行有條理的論述，我會縷述香

144　可惜的是，不少香港學者、政治人物、評論員以至關心香港政治的香港人都喜歡套用西方理論來思考香港的民主發展問題。在運用西方理論時又往往集中在西方的政治哲學、理想、原則、信念和價值觀。至於西方國家在民主實踐上所碰到的問題、政治現實和政治理想的差異、政制設計的千差萬別、種種政治和管治的缺失與不濟，以至各種偽善、不公和不義的情況卻少聞少問。西方國家尤其是美國在其外交和軍事政策上對所謂"普世價值"所持的雙重標準，及其在其他國家和地區對人權、法治和自由的踐踏素來都引不起香港以"民主派"自詡的人士的關注。更甚者是，他們不太理會和吸取大部分非西方國家的民主實驗，無論是自發性作出還是被西方強迫執行，都沒有取得預期成效或以失敗告終的教訓。可參考 Fareed Zakaria, *The Future of Freedom: Illiberal Democracy at Home and Abroad* (New York: W.W. Norton, 2003); Joshua Kurlantzick, *Democracy in Retreat: The Revolt of the Middle Class and the Worldwide Decline of Representative Government* (New Haven: Yale University Press, 2013); T. J. Pempel, *Uncommon Democracies: The One-Party Dominant Regimes* (Ithaca: Cornell University Press, 1990); G. Hermet et al., *Elections without Choice* (London: Macmillan, 1978); John Kampfner, *Freedom for Sale: How We Made Money and Lost Our Liberty* (London: Simon & Schuster, 2009); Steven Levitsky and Lucan A. Way, *Competitive Authoritarianism: Hybrid Regimes After the Cold War* (New York: Cambridge University Press, 2010) 及 Marian Ottaway, *Democracy Challenged: The Rise of Semi-Authoritarianism* (Washington, D.C.: Carnegie Endowment for International Peace, 2003)。

港民主化過程的主要特徵，目的在於凸顯香港"與眾不同"之處。無論我們喜歡與否，香港過去、現在以至將來走的是一條有"香港特色"的民主發展道路，呈現出獨特的發展目標、步伐、內容和制度特徵（包括選舉辦法）。其實，無論是中央、建制派或反對派，特別是反對派，對香港的民主發展都有不滿之處，但這個悠長的和崎嶇的民主化過程卻恰恰是各方力量較量，但沒有任何力量可以完全按照自己的意願塑造香港的民主制度下的"不完美"的產品。儘管反對派不斷質疑香港的民主制度的"認受性"和"合法性"，而且經常發動衝擊這個制度的行動，但其實在相當程度上他們已經進入了這個制度之中並行使着這個制度所賦予他們的權力、地位和物質回報。反對派沒有力量和決心去推翻這個制度，而且大多數香港人也不容許他們這樣做。因此，香港往後的民主發展只能在現有基礎上不斷演進，並按照香港的獨特的現實情況而進行改革。"香港特色的民主化"仍會不斷往前以較為"和平"的方式變革，而反對派雖然會抗爭到底，但最終也會逐漸"接受現實"，越來越不抗拒在制度內謀求自身的利益和追求自己的抱負。

從比較角度看，香港民主發展的獨特性重要特點之一是啟動民主發展的因素或動力的特殊性。大部分國家和地區的民主化過程源於內部因素，主要是新政治勢力的冒起、人民對當權者的不滿、當權者因與外國戰爭戰敗而失去管治權威與鎮壓工具、內戰或內亂、經濟崩潰、權力和財富分配制度的合法性喪失等。小部分因素來自外部，比如二次大戰後美國以戰勝者身份強行迫使聯邦德國和日本進行民主改革和近期美國在伊拉克

和阿富汗以武力為後盾所推動的民主化等。香港在這方面來
說是罕有例子，因為啟動香港的民主化過程的要素是一個在
1898 年中英兩國政府簽訂的、為期 99 年的新界租約，而該租
約規定新界地區要在 1997 年交還中國，但新界地區交還後香
港其他地方也難以獨善其身。新界地區的喪失，其實也意味着
整個香港也須要回歸中國懷抱。英國自然既不願意撤離香港，
但卻無奈地必須這樣做。英國人的"遽然"離開，產生了政治
權威和"認受性"的"真空"。"九七"問題引發政治勢力的起
落、分化與重組，它們之間的政治利益與立場迥異，難以彌
縫。長期以來的反共和疑共意識不容許中央填補那個"真空"，
反對派勢力借機崛起希望奪取"執政"權力。"愛國愛港"力
量雖然是"理所當然"的"執政"力量，但被香港人視為"親
北京"的政治勢力，因此亦無法取得足夠的"認受性"和管治
權威。然而，儘管較受民眾歡迎，反對派的政治人物的"認受
性"其實也相當有限，原因是他們無法讓香港人相信在沒有中
央的祝福下他們能夠有效治理香港並為香港人謀福祉。因此，
無論那些勢力掌控特區的政權，其他力量都不會服氣。

　　香港內部的分化與摩擦，反映了共同"身份認同"的缺
位、群體意識和團結性的薄弱、政治利益和觀點的分歧的嚴
重。簡單說，香港各界人士還未能形成一個"**政治命運共同
體**"。在沒有"政治命運共同體"的認知和感情的情況下，要
求任何一方面為大局着想而作出一些犧牲便難乎其難，而各方
面以互諒互讓態度處理彼此關係也近乎不可能。既然香港的民
主化並非由內部或外部力量啟動，各方面對民主改革的需要、

方式、方向和後果等事項便容易出現南轅北轍的看法，由此造成的利益分歧難以在短期內調和，而政治爭鬥不絕如縷的局面便難免出現。"九七"問題出現之前，香港內部缺乏強大的推動民主改革的力量，反而保守力量盤根錯節，加上中英兩國政府之間的政治和利益嚴重分歧，要快速和暢順地完成民主化進程便是可望而不可即的事。香港的推動民主化的力量雖然因"九七"問題的湧現而獲得動力並得以壯大，但同時馬上遇到比它力量更大的各類保守勢力的頑抗。香港的民主化的獨特歷史背景在頗大程度上塑造了它的發展和變化形態。

伴隨着民主改革一起發生的是香港越來越嚴重的貧富懸殊、社會兩極化和階級矛盾。反對派希望通過民主改革推動社會與經濟體制的變革，尤其是企圖改變現行的財富和收入分配和再分配的格局和制度。既得利益勢力對民主化所會引發的政治和社會後果甚為憂慮，而他們對民主化的戒懼心態揮之不去。"局部的民主化"讓反對派可以染指立法機關的權力，但卻與行政權力絕緣，實際上反映了香港的社會經濟現實，主要體現在不同階層的人獲分配到不同數量的政治權利和利益的"不公平"安排。

第二個重要特點是香港的民主化過程不同於"一般理解"的"非殖化"（decolonization）歷程，它不是由反殖或獨立運動推動，也不牽涉暴力或武裝鬥爭成分。政治獨立不是香港政治發展的"選項"，它只能從英國的"殖民地"轉變為中國的特別行政區。因此香港經歷的是**沒有獨立的非殖民化**，因而其民主化進程也只能在"非獨立"的政治框架內發生。英國人在管治香港的漫長歲月中政績彪炳，因而累積了相當的政治"認受性"。香港人在回歸前的"民主實踐"時間比較短，而且香港人的政治領袖又不擁有實質的管治權力，加上北京與倫敦既激烈摩擦，但又同時主導香港的政治局面。香港人的政治領袖無法藉助施政成績來贏取香港人的信任和尊敬，也就無從積累"認受性"，反而因為中、英兩國政府的爭鬥而分化對立，從而更難以爭取香港人的廣泛認同。香港本土的民主訴求溫和而矛盾，政治組織薄弱，公民社會不強，由此而產生的民主運動的群眾基礎比較狹隘，而其戰鬥力和持久力亦不高。反殖和獨立運動的缺位使得香港的民主運動缺少群眾動員和組織的"基礎設施"（infrastructure）。英國人搞的代議政制改革來得"太晚"，有利條件不多，而且三心兩意，自相矛盾，對於強化反對派勢力的作用不大。此外，民主化過程在香港掀起和激化大量的矛盾和衝突，而部分矛盾和衝突在殖民管治期間因受到壓制或控制而處於潛伏狀態。[145] 香港社會的高度政治化和各種爭鬥的此起彼伏讓不少香港人厭惡政治，而且對民主化產生負面的觀感。

第三個重要特點在於香港雖然擁有高度自治的權力，但卻並非獨立政治實體，因此不能與獨立國家的民主發展相提並論。由於香港在回歸前只是英國的一塊"殖民地"，而在回歸

145　其實，英國人在他們的殖民地中經常採取"分而治之"的手法，利用殖民地內不同語言、民族、種族、宗教和地域群體之間的矛盾來強化殖民管治，有些時候殖民政府甚至會人為地"創造"一些在當地原來沒有的群體和領袖以輔助殖民政府，從而引發新的社會矛盾。那些群體之間的矛盾在殖民政府的鎮壓、控制和管理下不至於太嚴重，但殖民政府一旦不存在，矛盾便會爆發，而且難以收拾。印度、巴基斯坦、賽普勒斯、馬來亞和不少非洲國家都有類似經歷。

後也只是隸屬於中華人民共和國的一個特別行政區，它自己並不擁有一般國家所擁有完全的主權和相應的權力。它在"一國兩制"下所獲得的高度而非"完全"自治的權力來自中央的授予。即是說，就算香港成功完成它的民主化進程，它的民主也只能是**"局部"的民主**（partial democracy）。在"局部民主"的政治體制中，經由"全民"選舉產生的香港特別行政區行政長官所擁有的權力並不完整，不可以與主權國家的政府相提並論。比如說，國防和外交事務屬於中央政府權力範圍、行政長官的任命權掌控在中央手上、香港政治體制的改革需要中央首肯、《基本法》沒有提到的"剩餘權力"屬於中央等等。香港的民主化進程其實主要涉及到中央所授予的"高度自治"的權力在香港內部如何分配的問題。當然，香港的反對派不時將其他議題也包括在民主改革的內容之中。他們尤其希望削弱中央的權力或限制其行使權力的空間，試圖將香港變成"獨立政治實體"。從反對派的角度看，香港的民主化所引發的政治爭論不但涉及到香港內部的政治體制和選舉辦法等諸般問題，也涉及到特區與中央的權力和職能分野的問題，但那些問題在獨立主權國家的民主化過程中幾乎不存在，除非出現那些國家與其所屬的跨國或國際組織之間的權力劃分問題，但即便如此，這些問題的本質與香港作為一國之內的特區所面對的問題也不一樣。

　　香港的民主發展表現為長期的"局部的民主化"的形態。也就是說，香港難以產生一般理解的"全面民主化"的政治架構。"局部民主化"主要體現在民意機構（立法會、區議會）

的分區直選的安排上，但這些卻非擁有"執政"權力的機構。對於那些竭力爭取西方式民主政體的人來說，香港的民主進程無法滿足他們的政治訴求。由於反對派在特區的政治體制內獲得的權力主要來自立法會，而無法取得"執政"的權力，所以行政機關和立法機關的摩擦不斷乃香港式"局部民主化"的"必然"結果。行政立法關係的不確定性，特區政府在立法會沒有穩定的大多數議員的支持，產生了不利於政府政策制定和推行的種種惡果。

第四個重要特點是香港在進行民主改革之前已經達到了相當程度的法治、擁有了各式各樣的自由、取得了頗為不錯的人權保障、獲得了良好的管治與廉潔的政府。更重要的，是這些**"好東西"**不單體現在種種制度、政策、措施和處事手法之上，也深深地烙刻在香港人的政治文化和心理之內。換句話說，在沒有民主制度之前，這些"好東西"已經在香港得到頗為穩固的制度上和信念上的支撐。由於這些"好東西"又普遍被認為是香港戰後"經濟奇跡"的關鍵因素或原因，香港人更加相信它們代表香港的"核心價值"，無論從精神的角度還是從實用的角度都應該珍而重之，並必須堅決捍衛。與其他地方相比，香港的民主發展軌跡之所以獨特，是因為不同的政治現象在時間上出現的排列次序（sequencing）與別不同。民主改革是在香港已經取得了自由、法治、人權保障、獨立媒體、廉潔政府、良好管治等一般認為是來源於民主政治的"好東西"之後才出現的。中、英兩國政府在回歸前後在選舉制度以外的各種"讓權"行動既然讓香港人獲得了不少政治參與和發揮政

治影響力的機會，並大大鞏固了原來的自由、法治、人權等
"好東西"，因此在相當程度上紓緩了香港人對普選的訴求。

第五個重要特點是在香港的民主發展中，選舉制度的不斷
改革不是最重要的體現形式，反而其他**"讓權"**的方式具有更
大的實質意義。事實上，香港的民主發展不是單單依靠選舉的
普及化來達致。我們當然不會低估選舉制度的不斷改進對香港
民主化的重要作用，但我們必須重視其他讓民眾取得政治權力
和影響力的安排和渠道，原因是香港的民主化是通過民眾從各
個方面"接收"原來由當權者擁有的權力來達到的。這些當權
者既指英國殖民政府，也指中國政府。民眾權力和影響力的增
加，部分來自自己的爭取，但主要來自殖民政府和中國政府的
"讓權"，而"讓權"也包括"自願"和"非自願"成分，"非自
願"成分來自被迫"讓權"和"無可奈何""讓權"兩方面。坦
白說，"自願"和"非自願"成分實際上夾雜在一塊，很難分
清兩者的比重。英國人之所以"非自願"讓權，是因為其管治
權威因某些緣故而受損，所以需要做出政治改革來挽回威信，
從而鞏固殖民管治。不過，英國人對"光榮撤退"的追求亦使
他們刻意地、十分"自願"地向香港人移交權力，特別是那些
懷抱反共意識並服膺西方政治理念的反對派勢力。

中國政府於 1997 年在香港恢復行使主權，同時從英國收
回香港的管治權。為了實施"一國兩制"下的"港人治港"和
"高度自治"，中國政府將大量權力以授權方式移交香港人，並
承諾在香港循序漸進地推行民主改革。為了保持香港的繁榮和
穩定，從而保存香港對國家經濟發展的重大價值，也為了穩定

人心，中國政府不得不承諾在香港推行民主改革，所以中國政府的"讓權"也含有某些"非自願"成分。另一方面，英國人對香港人的"讓權"很多是在中國政府不了解、不以為意、不同意甚至激烈反對的情況下發生的。他們的意圖是要製造既成事實脅迫中國政府接受。雖然中國政府後來能夠推翻部分英國的改革，但不可否認大部分的改革還是被保存下來，而且繼續得到不少香港人特別是反對派的支持和捍衛。因此，中國政府在"非自願"下接受了部分英國人"讓權"的事實。不過，由於中國政府又希望在香港建立一個比"殖民地"時期遠為"民主"和"自主"的特區政治體制，以突出殖民管治的不公和彰顯香港在回歸後的政治進步，所以中國政府的"讓權"也同時包含"自願"成分。

　　無論是"自願"或是"非自願"，中、英兩國政府的"讓權"行為的結果是讓香港人取得愈來愈多的政治權力和影響力，並充分和有效運用這些力量來制約"殖民地"和特區的當權者。回歸後香港特區政府無法有效體現"行政主導"，其實與去幾十年來多番"讓權"從而改變了香港總督、行政長官和行政機關大權獨攬的格局有密切關係。本質上，香港在回歸前後的民主發展就是中英兩國政府在缺乏默契和互信下，斷斷續續"讓權"的政治過程。這個過程凸顯了香港民主發展的獨特性，在相當程度上"解釋"了香港民主化的軌跡、幅度、速度和制度特徵，也同時讓我們更好的明白和分析香港不斷變動的政治生態，尤其是不同政治勢力的興衰、力量對比和彼此之間的矛盾與爭鬥。香港的民主化過程與其他社會的民主化形態的巨大分別，其實也可以從中找到原因。

　　就"讓權"的對象而言，中、英兩國政府有顯著不同，這反映它們各自追求的政治目標差異甚大。英國人的願望是將權力讓予那些有較廣闊群眾基礎但卻又同時懷抱反共傾向的反對派勢力。當然，在中國政府、香港的建制力量和愛國力量的聯手反對下，英國人的圖謀沒有完全得逞，但仍然在撤離香港前大大壯大了反對派，並讓他們牢牢地嵌入香港的政治體制和政治生活之中。雖然反對派未能執掌特區政權，但他們的政治能量不能低估，特別是其對特區政府的打擊力。相反，中國政府的"讓權"對象則主要是原來"殖民地"時期的建制勢力和在回歸前備受殖民政府和建制人士排斥的"親北京"愛國力量，兩者在回歸後雙雙成為特區建制派的中堅。從民主發展的角度而言，英國人原先打算在香港快速推行民主化，並在回歸前夕大致上完成民主化過程，從而體現"光榮撤退"。由於英國人的如意算盤沒有打響，反而導致香港的政治體制在回歸前後不能銜接。中國政府的計劃則是循序漸進推進香港的民主發展，目的在於切實保障投資者的利益。所以，在民主發軔之時，香港的精英階層特別是工商界與專業人士得到較多的政治權利和照顧。不過，中國政府也承諾，隨着民主化的不斷發展，政治權力會逐步分散和普及化，而香港最終會以普選方式產生行政長官和立法會。毫無疑問，中國政府、建制派和反對派之間對於回歸後香港的民主步伐和形態有着巨大的，甚至是無法彌縫的分歧。回歸後圍繞着民主發展的鬥爭和爭議連綿不斷，嚴重威脅特區的有效管治、政策發展和社會穩定，連帶經濟增長與轉型亦受到拖累。

　　在其他地方，普及選舉是民主化的主要載體，然而直到目前為止，普及選舉在香港的政治體制中作為政治權力的分配機制的角色仍屬有限。英國人充分明白到這一點，所以當他們的"代議政制"改革碰到中國政府的堅決反對下，便馬上通過其他途徑把權力轉移到他們屬意的香港人的手上。有選舉成分的議會、擴大人權和自由的法律法規、獨立於行政機關的法定組織、建立行政機關向立法機關"負責"的"憲制慣例"和培訓華人公務員為政治領袖是較為重要的"讓權"手段。回歸以後，行政機關處於政治弱勢，在立法會的步步進逼和司法機關的政治影響力擴張下，特區政府制定政策的實際權力"流失"了一部分，香港人也因此而獲得更多的制衡行政權力的渠道。[146] 簡言之，香港民主化過程不但體現在選舉制度的不斷開放上，更是體現在其他"讓權"的方式上。

　　第六個重要特點是長期以來，與民主化相關的政治衝突基本上圍繞着行政長官和立法機關的選舉辦法而發生，各派勢力對其他制度性和政治性的改革的興趣則不大。中央與特區的權力劃分、行政與立法的關係、行政與司法的關係、行政效率和廉政建設、政黨的發展和政黨法的訂立、公民社會的壯大等問題以至人權、自由和法治等議題雖有時被提出，但引起的爭論有限。我在前面提到在香港的民主化過程中，選舉制度並非唯一或最重要的"讓權"機制，但偏偏幾乎所有政治勢力都全力

146　見劉兆佳，《回歸十五年以來香港特區管治及新政權建設》（香港：商務印書館，2012）。

投身於選舉或普選辦法的爭論之中，這是頗為弔詭的現象。據我猜想，當中一個原因可能是各派勢力都以奪取特區的管治權力為當前急務，無暇兼顧其他東西。另外一個原因可能是反對派過分受到西方民主理論的影響，而普及選舉被現時的西方人理解為民主的真諦和核心。縱使反對派清楚知道中國政府不會讓他們執掌特區政權，他們還是堅定不移地爭取他們屬意的行政長官普選辦法。同時，他們又不斷提出全面普選立法機關的要求，希望通過控制立法會來左右特區的施政，從而"間接"取得執政權力與地位。另外一個原因應該是香港在人權、自由、法治和行政效率和廉潔等方面已經達到頗高水平，所以引不起爭議。結果是，各方勢力全力以赴爭奪行政機關和立法會的權力乃香港民主化的特色，但如此一來其他方面的制度建設便得不到應有的重視，社會和思想方面的改革和建設則更屬無人問津。這反映了各方政治勢力和廣大香港人的政治觀的偏狹性。提升管治能力、行政立法關係、行政司法關係、政黨建設、公民社會的構建、公民和國民教育的推廣等議題不受重視。經濟發展、社會公義、勞工問題、民生福利和階級矛盾等低下階層關心的事項與民主發展的關係鮮被系統性述及，從而民主派不是太積極利用與香港人較有切身關係的東西來動員和組織群眾，而民主運動也因此缺乏龐大的群眾基礎。

　　第七個重要特點是香港民主發展是一個相當和平的過程。其他地方的經驗顯示，民主化過程也是一個政治鬥爭的過程，關鍵是鬥爭的激烈程度和暴力衝突所擔當的角色。與過去的民主化比較，近幾十年來在歐洲、亞洲和拉丁美洲出現的民主改革較為和平和順暢，但不能忘記的是在此之前大部分這些國家都曾蒙受獨裁和高壓統治之苦，部分也曾被血腥內戰或內亂所蹂躪。它們的較為和平的民主化進程是人們對暴力和戰爭徹底反省、悔疚和厭惡的結果。與絕大多數其他地方相比，香港的民主發展大體上是和平的過程，而且香港從沒有激烈流血衝突的歷史。我不是説歷史上香港從來沒有激烈抗爭的事例，但終究不多，而且絕大部分並不嚴重。[147] 從政治鬥爭的角度分析，香港的民主化過程在回歸前反映在中、英兩國政府的鬥爭，而雙方又各自在香港動員支持力量，從而在香港社會中造成迄今還是頗為嚴重的政治分化、對立和內耗。中國政府與香港反對派的互不信任和持續對抗，也是在此期間形成。回歸後的政治鬥爭，則體現在反對派與中央和建制派之上，當中又夾雜了群眾對特區施政的不滿、中產階層的怨憤與不安、階級矛盾的惡化和香港人對內地發生的一些涉及到人權和法治的事件的反應。不過，總的來説，幾乎所有這些鬥爭都甚少引發嚴重暴力

147　見蔡榮芳，《香港人之香港史 1841-1945》；Thomas W.P. Wong and Lui Tai-lok, "From One Brand of Politics to One Brand of Political Culture," in Lau Siu-kai(ed.), *Social Development and Political Change in Hong Kong* (Hong Kong: The Chinese University Press, 2000), pp. 309-354; and　Lam Wai-man, *Understanding the Political Culture of Hong Kong: The Paradox of Activism and Depoliticization* (Armonk:M.E. Sharpe, 2004).

衝突，儘管語言暴力越來越多，而肢體衝突亦有上升之勢，但情況仍未算"失控"。稍微暴力成分多一些的言論和行動便立刻受到各方口誅筆伐。社會對暴力的深痛惡絕與香港人求穩定的心態強烈有關。香港人反對暴力手段的意向十分強烈，對所有政治勢力都發揮不同程度的約束作用。

第八個重要特點是香港的選舉制度甚為複雜和累贅。行政長官在普選前由一個構成多元化的推選委員會或選舉委員會經選舉產生。這些委員會的委員來自社會各界，當中工商界和專業界占頗大比重。行政長官在普選前還須要經過提名委員會的提名程序。同樣地，立法會議員在全體議員以普選方式產生前通過不同選舉途徑產生，有功能團體選舉，有分區直選，在回歸初期更有選舉委員會的選舉。即使實行全部立法會議員由普選產生，我個人估計功能團體選舉還會以某種形態繼續存在。香港的選舉辦法的複雜性，選舉權、參選權和提名權的不平均分配，加上立法會的分組計票制度，正好反映了"一國兩制"的目標的多元性和選舉辦法在"一國兩制"方針中的工具性質。在設計選舉辦法時，各個政治勢力在都具有影響力，當然中央和商界的力量特別大，所以行政長官和立法會的產生辦法優先照顧中央和商界的利益，主要體現在三個方面。一是行政長官普選不會選出與中央對抗或得不到中央信任和祝福的人為香港特首。二是普選全體立法會議員不會讓立法會成為與中央和特首對抗、鼓吹民粹主義、宣揚福利主義和宣示地方主義的"基地"或"溫床"。三是保障特區政府的"行政主導"角色。其他地方的選舉辦法一般比較簡單，通常只有地方選舉。相比之下，香港的選舉制度確實很繁複，操作起來也不容易，也容易引發選舉制度不公平的批評。

　　第九個重要特點是香港民主發展的**曠日持久性**。自從上世紀八十年代初香港的民主化發軔以來，政制改革已經成為香港揮之不去的突出政治議題。三十多年下來，圍繞着這個議題的爭論和衝突仍然方興未艾，對香港的管治、穩定和發展都產生了負面的影響。在未來一段長時間內，估計香港依然會被這個議題所纏繞，香港社會的內耗、分化和對立還會相當嚴重。各方政治勢力對民主化的立場仍舊涇渭分明，共識難覓。香港日趨嚴重的貧富懸殊、官民對立、各類“港獨”和本土意識的抬頭、香港人與內地同胞的嫌隙擴大、反對派愈趨激進、部分香港人與中央的對抗日甚一日，在在都增加了共識建立的難度。至於民主化過程的長短對民主發展的利弊，學術界尚無定論。有一種意見認為較長的民主化過程對民主政制的健康成長有利，因為它提供充裕的時間讓既得利益者適應其權力和利益逐步減少的不可逆轉的趨勢，讓不同政治勢力有更多的時間縮小分歧，讓人民降低其對威權政治的緬懷，也讓能夠承托民主政治的政治文化在社會上逐漸形成和鞏固。如果在民主化過程的初段群眾參與的程度較低，不同的政治精英因此有更多的自主性和空間去減少猜疑和謀求共識，則民主化過程會更順當一些。不過，這個論斷似乎過分從樂觀角度看問題，假如所指的是那些最早進行民主化的國家比如英國和美國，則基本沒錯，但即便是西方國家 —— 法國和德國是最佳例子 —— 長時間的民主化也不一定帶來穩妥的民主發展。二次大戰以來可以佐證的例子更少。[148] 無論如何，香港的情況卻難言樂觀。香港畢竟經歷了三十多年跌宕起伏的民主變遷，無論在精英層面或在群眾層面，分化對立狀況尚無明顯的好轉跡象。曠日持久的民主發展過程仍會持續下去而且成為香港民主發展道路的特色。

第十個重要特點是香港民主發展的**前景的開放性**（open-endedness）或不確定性。意思是：究竟香港民主化的"終點"在那裏迄今沒有人能夠說清楚或有信心預測得到。不錯，從理論角度而言，沒有一個國家或地區可以宣稱它已經達到民主的最高

---

148 可參考西德、東德、日本、巴西和印尼的經驗。見 Bradley M. Richardson, *The Political Culture of Japan* (Berkeley: University of California Press, 1974); Kendall L. Baker, Russell J. Dalton and Kai Hildebrandt, *Germany Transformed: Political Culture and the New Politics* (Cambridge, Mass.: Harvard University Press, 1981); Theodore Cohen, *Remaking Japan: The American Occupation As New Deal* (New York: The Free Press, 1986); Robert E. Ward and Sakamoto Yoshikazu (eds.), *Democratizing Japan: The Allied Occupation* (Honolulu: University of Hawaii Press, 1987); Kyoko Inoue, *MacArthur's Japanese Constitution: A Linguistic and Cultural Study of its Making* (Chicago: University of Chicago Press, 1974); Richard L. Merritt, *Democracy Imposed: U.S. Occupation Policy and the German Public, 1945-1949* (New Haven: Yale University Press, 1995); Scott C. Flanagan et al.(eds.), *The Japanese Voter* (New Haven: Yale University Press, 1991); Margaret E. Keck, *The Workers' Party and Democratization in Brazil* (New Haven: Yale University Press, 1992); Robert Rohrschneider, *Learning Democracy: Democratic and Economic Values in Unified Germany* (Oxford: Oxford University Press, 1999)；Tomohito Shinoda, *Contemporary Japanese Politics: Institutional Changes and Power Shifts* (New York: Columbia University Press, 2013)： 及 Donald L. Horowitz, *Constitutional Change and Democracy in Indonesia* (New York: Cambridge University Press, 2011)。以西德的經驗為例，研究發現，對任何一個西德公民來說，口頭上表示支持一個新的政治制度不難，但要真正學習好和衷心接納民主政體對公民在規範上和行為上的要求則很不容易。縱然幾乎所有西德人都表示支持新的民主政體，但他們的政治效能感和其他的公民應有的態度卻仍有改善的空間。經過三十多年，西德人民的政治文化才從順民文化逐步蛻變為公民文化，人們愈來愈重視政治參與，民主意識亦愈趨扎實。東德在脫離社會主義並走向民主化後亦有類似經驗。無論是群眾或是精英分子，他們的政治價值觀都反映了他們曾受社會主義政權統治的事實。不少前東德的人民，特別是那些在 1945 年出生的人，繼續懷抱社會主義理想，即便他們覺得那個已崩塌的社會主義制度既缺乏效率，又不民主。

境界。即便是在自詡為全世界"最民主"的國家美國，也有學者承認其政治體制中存在一些不太符合民主準則的部分。[149] 再者，民主理想是一個不斷變化和提升的過程，而政治現實和理想又往往有相當的落差，促使人們不斷地為達到更高的民主理想而不懈奮鬥。例如，是否應該建立經濟民主從而讓政治民主更有實質意義便是不少學者孜孜探索的問題。[150] 不過，很多先進國家早已達到相當的民主化水平，它們追求的是更高的民主境界。香港的民主化程度仍低，民主改革的空間甚大。《基本法》已經作出規定，行政長官和立法會的產生辦法"根據香港特別行政區的實際情況和循序漸進的原則而規定，最終達致普選產生的目標"。事實是，沒有人能夠清晰說明或有信心地預測行政長官和立法會"最終"的普選辦法的具體安排。就行政長官普選辦法而言，"最終"的方案是否包括"提名委員會"？功能團體選舉在立法會的"最終"普選辦法中會否以某種方式繼續存在？這些都是目前以至在可見的將來都沒有明確答案的問題，也是會引發各方勢力激烈交鋒的"火辣"政治議題。正是因為香港的民主化的"終點"或"歸宿"仍未定案，不同的政治勢力便竭盡全力爭取對自己最有利的"終極方案"，彼此間的爭鬥沒完沒了，而且愈趨激烈。

　　第十一個重要特點是香港的民主體系尚未鞏固，政治體制

149　見 Robert A. Dahl, *How Democratic Is the American Constitution* (New Haven: Yale University Press, 2002)。

150　見 Robert A. Dahl, *A Preface to Economic Democracy* (Berkeley and LA: University of California Press, 1985)。

的"**認受性**"不高,政治遊戲規則仍未確立。不少政治學者在分析民主化過程的時候,喜歡把它分為不同階段,例如由啟動、深化、最後到鞏固(consolidation)。[151] 在鞏固階段,各方政治勢力在政治體制上已經達成共識,大家都願意在體制內按照共同認可的遊戲規則展開競爭,並且一起來負起維護憲法和政治制度的責任。進一步説,所有的政治勢力都相信沒有比現行的民主制度更好的制度,民主政體是社會上唯一的政治遊戲(democracy is the only game in town),因此出現民主倒退和失敗的可能性極低,恢復獨裁、寡頭、威權或其他非民主政體更是不可想像的事。

香港的民主改革沒有一個固定的時間表和路線圖,圍繞着民主化的爭議和鬥爭因此曠日持久,沒完沒了。各種既得利益在民主化過程中擁有不同程度的議價能力,因此民主化只能遵循循序漸進的步伐前進。既然沒有明確的時間表和路線圖,每隔幾年香港便要重新啟動行政長官和立法會的選舉辦法的改革工作。既然各方面對香港民主化的發展速度和"最終"形態缺乏"共識",因此"民主化"或者説"政治體制改革"便成為長期困擾香港的"永恆"政治議題,並經常主導着公共議程(public agenda),時刻引發政治衝突,包括反對派和其支持者與中央的碰撞,並在相當程度上使得有效管治和政治穩定難以實現。由於政治爭拗長期甚至"永遠"存在,並不時熾熱起來,難免排擠了其他與香港長遠發展至關緊要的政策討論和制

---

151 見 Lisa Anderson (ed.), *Transitions to Democracy* (New York: Columbia University Press, 1999)。

度演進，嚴重損害香港的生機和利益。所謂民主化進程的"鞏固期"（stage of consolidation）猶如鏡花水月，到達無期。

事實上，香港的獨特的民主化過程衍生了一套極為複雜的選舉辦法、無休止的政制爭鬥和不確定的政制未來。一套通用的政治遊戲規則迄今尚未建立起來，不同勢力各自遵循不同的遊戲規則運作，並意圖把自己的一套遊戲規則成為"唯一"的政治遊戲規則。政治遊戲規則不確定，無可避免會不斷引發爭議與衝突，而既然政治遊戲規則無法形成共識，政治鬥爭自然亦難以平息。[152]

到目前為止，香港的民主化不但不能夠發揮團結社會、促進不同勢力的和解與合作、強化政府的管治效能、促進香港人與中央的關係和推動香港發展的作用，反而造成社會的撕裂、發展的窒礙、政府與群眾的摩擦和部分香港人與中央的對立。進一步的民主化究竟會改善各方面的關係，還是會帶來更嚴重的鬥爭，現階段難以預料，總要看不同勢力能否接受和認同同一套政治遊戲規則，包括選舉辦法。回歸以來，假如香港沒有一個成熟的行政系統、良好的公務員隊伍、發達的法治體制、高效的市場運作和監管制度和有相當自我處理問題能力的民間社會，則香港的政治矛盾、鬥爭、混亂及動盪肯定會為香港帶來更加嚴重和無窮的禍害與痛苦。

第十二個重要特點是**經濟發展與民主化分離**。西方的主流理論一般認為經濟發展是引發民主化的最大動力，強調經濟發

152　見劉兆佳，"新政治遊戲規則與特區的管治，"載於劉兆佳，《回歸後的香港政治》（香港：商務印書館，2013），第 112-159 頁。

展會衍生一個強大的中產階級、都市化、資訊的膨脹和廣泛流通、人民政治參與慾望的提高等有利於民主發展的因素。[153] 誠然，個別國家比如印度和菲律賓在經濟條件欠佳情況下仍能實施民主選舉，而一些國家和地區比如南韓、台灣和星加坡在經濟條件頗佳的情況下仍然維持相當長時間的威權政體，但經濟發展對民主化的啟動和對民主政體的維持仍被西方學者評估為關鍵因素。從經濟發展的角度看，香港老早就應該出現民主化過程，可是事實上它卻未出現，反而香港的經濟發展模式卻凝固了幾股強大的保守力量。民主改革被視為對以自由放任和小政府為核心的"香港特色資本主義制度"和它所製造的香港"經濟奇跡"構成嚴重威脅，因此必須以極慎重和小心的態度處理。

政治與社會、經濟在相當程度上的分割和"脫節"正好是"香港模式"民主化儘管艱難和崎嶇，但香港仍然可以取得不錯的經濟和社會發展的"原因"。過去三十多年來，儘管政治混亂和動盪，但社會和經濟發展卻依然繼續向前，雖然難免受到政治環境的拖累，但好在打擊不算十分嚴重。不過，長遠而言，政治、經濟和社會無可避免會愈趨密切，香港懸而不決的

---

153 這方面的文獻汗牛充棟，可參考 Seymour M. Lipset, "Some Social Requisites of Democracy: Economic Development and Political Legitimacy," *American Political Science Review*, Vol. 53, No. 1, 1959, pp. 69-105; Barrington Moore, *Social Origins of Dictatorship and Democracy: Lord and Peasant in the Making of the Modern World* (Boston: Beacon Press, 1966); Daron Acemoglu et al., "Income and Democracy," Working Paper 11205, National Bureau of Economic Research (March 2005), http://www.nber.org/papers/w11205；Ghada Fayad et al., "Income and Democracy: Lipset's Law Revisited," International Monetary Fund Working Paper (December 2012), http://www.imf.org/external/pubs/ft/wp/2012/wp12295.pdf；Daron Acemoglu and James A. Robinson, *Economic Origins of Dictatorship and Democracy* (New York: Cambridge University Press, 2006)。

民主化問題最終恐怕亦會為經濟和社會發展帶來更多的傷害。

第十三個重要特點是中央和香港的保守勢力不容許民主化帶來社會和經濟制度的變更，辦法是由《基本法》以法律的權威和方式將 1990 年左右香港的經濟社會制度、財政政策和主要的公共政策固定下來，讓它們免受政治和民意要求改變的壓力，目的是確保香港原來的制度和生活方式五十年不變。在不少其他地方，民主政治意味着群眾力量的崛起，福利開支的上升和政府對經濟活動規管的增加。香港民主化的特點恰恰就是刻意不讓群眾政治擴散到政治領域之外，從而讓經濟和社會制度得以"獨善其身"，免於受到群眾壓力的破壞。當然，當人們發現民主改革所賦予他們的權力不能用來改變政府的財政、經濟、福利和民生政策時，他們對民主政治的擁護會因此而減退。反過來説，他們也有可能會要求改變《基本法》的規定，賦予政府和立法會權力去改變香港的社會和經濟體系。不過，到目前為止，這兩種情況尚未出現。[154]

154　在這方面南韓的經驗有相類似之處。南韓的民主化過程頗為保守，沒有衍生重大的政策轉變、意識形態的重塑和政治勢力的重組。原因有三：一是來自北韓的軍事威脅。二是過去威權型資本主義的成功，從而在人民中產生了根深蒂固的務實意識，而地域主義又引致偏狹心態的出現。三是一系列有約束力的民主勢力與威權勢力曾達成的協議。在民主化的早期，政治爭議集中在經濟利益的分配上。很多韓國人對於推進政府的民主化內心甚為矛盾。他們願意在一個多元的民主政體中生活，但卻同時認為強勢領導才是有效管治的保證。政治上，雖然管治者由軍人變為文人，但權力卻仍然掌握在保守聯盟的手上，而對民主化有利的穩定的群眾型政黨及具有多元化內容的主流意識形態卻欠奉。經濟上，無論是精英分子或是老百姓，韓國人依然擁護由政府主導的資本主義。意識形態上，主導的文化價值仍然是威權性的儒家思想和偏狹的地域意識，但在它們之上卻附加了一層自由主義和多元主義的次文化。所以，韓國民主化的主要特徵是保守主義、務實主義和漸進主義。對大多數韓國人來説，今天的韓國政治體制運作並非有效。韓國人內心仍然充斥着政治矛盾。他們渴望從政治壓迫中解放出來，但同時卻又期盼強人的領導。正如幾十年前的西德人一樣，韓國人的政治矛盾觀反映他們同時珍惜兩種價值，那就是秩序和民主。見 Doh C. Shin, *Mass Politics and Culture in Democratizing Korea* (New York: Cambridge University Press, 1999)，pp. 19-31。

第十四個重要特點是香港的民主化過程不受國際上爆發的民主浪潮所影響。上世紀七十年代初開始發軔的衝擊全球的**"第三波"**民主化浪潮對香港的政治發展影響輕微,甚至毫無影響。香港的民主化過程不是全球性的民主化浪潮的一部分。香港民主化過程的形態也與"第三波"的主流形態有異。按照亨廷頓(Samuel P. Huntington)的分析,世界上曾經出現過三個民主浪潮。在每一波民主化浪潮中都有一批國家和地區在同一時段內從非民主政體走向民主政體。"第一波"民主化發生在 1828 年到 1926 年,"第二波"發生在 1943 年到 1962 年,而"第三波"則從 1974 年開始,涵蓋了蘇聯的解體和東歐的變天。造成民主化的原因在這三波民主化中不盡相同。[155] "第一波"民主浪潮對香港可謂毫無影響。"非殖化"在"第二波"民主化浪潮中非常重要,但香港並沒有受到感染而出現"反殖"運動。時間上,香港的民主化過程發生在"第三波"民主化浪潮期間,但其實與其他國家的民主化沒有關係,也並非受到它們的"傳染"。基本上,香港的民主化進程來自它特殊的

---

155 亨廷頓認為,導致"第一波"民主浪潮的主要原因包括經濟和社會發展、在英國移民聚居地例如加拿大和澳大利亞形成的社會和經濟環境、西方盟國在一次大戰勝利後強迫歐洲的戰敗帝國分裂為不同獨立國家。引致"第二波"民主浪潮的主因是政治和軍事性的。西方戰勝國把民主政體強加於西德、義大利、日本、奧地利的大部分和南韓身上。一些曾經追隨西方戰勝國的國家在二次大戰後亦走向民主化,比如希臘、土耳其、巴西、阿根廷、秘魯、厄瓜多爾、委內瑞拉和哥倫比亞。西方殖民帝國的衰落又導致殖民地紛紛走向獨立和建立西式民主政體。造成"第三波"民主浪潮的原因包括:威權政體陷入政治和經濟危機、城市中產階級的壯大、天主教會積極參與民主運動、西方國家的介入和民主改革在一些國家發生後產生的"滾雪球"或示範效應,促使一些其他國家紛紛效法。見 Samuel P. Huntington, *The Third Wave: Democratization in the Late Twentieth Century* (Norman: The University of Oklahoma Press, 1991),pp. 35-46。

歷史背景和現實因素，所以建基於其他地方的民主化經驗的理論在香港的應用性實屬有限。

　　第十五個重要特點是**階級鬥爭**推動在香港民主發展上角色不大。至於那個社會階級在民主化過程中最重要，西方政治學者可以分為兩派。一派認為中產階級是民主發展的主力"推手"。鑒於中產階級的人數龐大並擁有不少文化、思想、組織、領導和經濟資源，他們分享政治權力的要求較為容易實現。這一派學者的影響力較大。[156]另一派學者則認為工人階級較為重要，甚至認為只有工人階級才有動機和力量推動全面和徹底的民主改革，因為中產階級從其自身利益出發不會願意讓工人階級也取得政治權力，所以有中產階級啟動的民主改革在中產階級取得政治權力後便會戛然終止。[157]另外有一種看法是，無論是哪一個階級，只要當權者在推動經濟發展上"有功"、它們的利益得到當權者的照顧，而當權者又願意對它們的要求儘量作出回應，則那個階級便會成為非民主制度的守護者。[158]

　　香港的情況甚為特殊。上面的論述已經清楚說明，階級矛盾在推動香港民主發展中的角色頗為有限。中產階級是威權

156　見 Larry Diamond, *The Spirit of Democracy: The Struggle to Build Free Societies Throughout the World* (New York: Times Books, 2008)。

157　見 Ruth Berins Collier, *Paths Toward Democracy: The Working Class and Elites in Western Europe and South America* (Cambridge: Cambridge University Press, 1999)；及 Dietrich Rueschemeyer, Evelyne Huber Stephens and John D. Stephens, *Capitalist Development and Democracy* (Chicago: University of Chicago Press, 1992)。

158　見 Eva Bellin, *Stalled Democracy: Capital, Labor, and the Paradox of State-Sponsored Development* (Ithaca: Cornell University Press, 2002)。

性殖民管治（authoritarian colonial rule）孕育出來的既得利益
者。他們當中受西方文化影響較深，特別是那些與政府和商界
關係較為疏離的人，因為服膺政治理想或不滿政府施政的緣故
較為傾向支持民主改革，但實際上完全相信民主化對香港利多
於弊的人不算多。這類人當中部分人其實對群眾和選舉政治興
起所引發的政治後果忐忑不安。大部分中產人士對民主化心存
矛盾，實際上持保留態度。畢竟他們是非民主政治體制的受益
者。他們瞧不起地下階層的人，害怕這些人通過選票侵奪自己
的利益，改變香港的自由經濟體系，迫使政府走民粹、福利和
高稅路線。毋庸諱言，回歸以來香港人尤其是中產階級的怨氣
和不滿導致他們對民主化多了一份同情、理解和支持。他們對
貧富懸殊惡化、"官商勾結"蔓延、底層人士生活艱難和自己
的生存和發展條件日差心存怨懟。一方面他們憧憬民主改革會
帶來轉機，但另一方面卻擔心出現更壞的情況。中產階層在香
港民主化過程中應該說是一股推動力，但本質上是一股"瞻前
顧後"、"舉棋不定"的力量。工人階級在香港不但力量薄弱，
而且嚴重分化。迄今為止，他們的訴求集中在實際和具體的、
與工作、收入和生活息息相關的東西上，很少把那些東西聯繫
到民主改革上。不過就算工人階級以推進民主為己任，他們本
身的力量有限，也缺乏適當的組織和領導的配合。總的來說，
社會階級在香港民主發展的過程中角色和作用都不顯著。

　　第十六個重要特點是**政治精英**之間的妥協、合作和交易在
民主化過程中的角色不突出。"第三波"民主化中，暴力和流
血衝突一般比較罕見。相反，政治精英之間的談判、妥協和合

作甚為突出。不同政治立場的政治精英過去曾經經歷長時間的
激烈鬥爭，甚至內戰，導致傷亡慘重，國窮民怨。在痛定思痛
後，過去敵對的黨派厭惡衝突，願意以"互讓互諒"的態度尋
求彼此間的合作，重新建構一個和平的社會。在個別國家比如
西班牙，不同黨派的政治精英甚至以簽訂"協定"或"盟約"
（pact）的方式來確認他們的妥協與合作。[159] 政治黨派和政治
精英展示了包容、互信、務實、文明、靈活、節制和理性等高
貴品質，但同樣重要的是他們有能力領導、說服和約束他們的
支持者和群眾，讓他們願意承受一些犧牲、作出一些忍讓和承
擔一些風險，從而使得政治精英們達成的"協議"能夠付諸執
行，讓民主政治能夠向前邁進。就建立精英共識和合作而言，
香港的情況頗為糟糕。經過幾十年的民主發展，香港各方政治
精英在政治立場上的分歧依然嚴重，要達成對香港民主化的時

159　有關精英合作或共識在"第三波"民主浪潮中的重要性的文獻很多。可參考 John
　　 Higley and Richard Gunther (eds.), *Elites and Democratic Consolidation in Latin
　　 America and Southern Europe* (New York: Cambridge University Press, 1992);
　　 Richard Gunther, P. Nikiforos Diamandouros, and Hans-Jürgen Puhle (eds.), *The
　　 Politics of Democratic Consolidation Southern Europe in Comparative Perspective*
　　 (Baltimore: The Johns Hopkins University Press, 1995); Juan J. Linz and Alfred
　　 Stepan, *Problems of Democratic Transition and Consolidation: Southern Europe,
　　 South America, and Post-Communist Europe* (Baltimore: The Johns Hopkins
　　 University Press, 1996); Scott Mainwaring, Guillermo O'Donnell and J. Samuel
　　 Valenzuela (eds.), *Issues in Democratic Consolidation: The New South American
　　 Democracies in Comparative Perspective* (Notre Dame: University of Notre Dame
　　 Press, 1992); Larry Diamond, Marc F. Plattner, Yun-han Chu, and Hung-mao Tien
　　 (eds.), *Consolidating the Third Wave Democracies: Themes and Perspectives*
　　 (Baltimore: The Johns Hopkins University Press, 1997); Larry Diamond, Marc F.
　　 Plattner, Yun-han Chu, and Hung-mao Tien (eds.), *Consolidating the Third Wave
　　 Democracies: Regional Challenges* (Baltimore: The Johns Hopkins University
　　 Press, 1997)；及 Larry Diamond and Byung-Kook Kim (eds.), *Consolidating De-
　　 mocracy in South Korea* (Boulder: Lynne Rienner, 2000)。

間表和路線圖的共識可為遙遙無期。精英間的互信幾近乎零，彼此傾軋不斷，且有愈演愈烈之勢。不過就算他們能夠達成協議，他們恐怕也沒有能力勸服自己的群眾接受有關協定，結果協定還是無法執行。誠然，香港政治體制改革的主導權不在香港的政治精英手上，因此就算他們能夠形成政改共識，也不等於這個共識能夠成為現實。然而，當他們連達成共識的誠意和能力付諸闕如時，他們連與中英兩國政府的談判的"籌碼"也十分有限。因此，政治精英妥協與合作在香港的民主發展過程中不擔當顯要角色。

第十七個重要特點是**政黨政治**的低度發展。"局部的民主化"和香港缺乏"執政黨"和政黨政治混亂無序、黨派"碎片化"嚴重息息相關。政黨和其他政治組織的力量和功能薄弱，難以發揮政治中介角色，承擔整合各方利益和調節政府與民眾關係的重任。由政治組織和機構組成的"政治社會"（political society）力量有限，因此使得一些公民或民間組織有機會扮演較為重要和明顯的政治角色。公民行動（civic actions）與社會運動（social movements）在香港的政治生活中愈趨活躍，影響力與日俱增。然而，由於它們各自關注比較個別或狹隘的議題，而它們因對政治組織存有疑慮，因此它們所代表的"公民社會"（civil society）與香港的"政治社會"沒能建立緊密的合作和聯動關係，反而因為相互的惡性競爭而彼此削弱對方的能量。"公民社會"固然對特區政府的打擊能力不強，但反過來說特區政府也缺乏駕馭"公民社會"的力量。特區政府、"政治社會"內的黨派和"公民社會"中的不同組織之間的衝突無疑是香港的獨特民主發展道路產生出來的又一顯著的政治現象。

　　第十八個重要特點是**外國或境外勢力**在推動香港民主化上的角色不大。[160] 外部勢力包括政府性組織或非政府性組織在香港民主發展中的角色有限，然而它們在"第三波"民主化過程中卻發揮重要甚至決定性的作用。在此之前，西方國家以武力推翻他國的非民主政權的例子不少，[161] 但在"第三波"民主浪潮中，較常用的方法是利用非暴力手段和以非政府機構為工具。過去幾十年，西方國家逐步改變了對國家主權的理解，認為推動其他國家走向民主化不是干預別國內政。因此，西方的政府、政黨、非政府組織、基金會、教會、工會和一些西方國家牽頭的國際機構紛紛投入到在其他國家和地區推動西方式民主化的洪流中去。西方人運用的方法包括武力佔領、外交壓力、經濟援助、經濟制裁、政治宣傳、輿論壓力、資助政黨、政客、媒體、工會和其他民間組織、培訓政治領袖、監督選舉、煽動反政府行動等手段。美國、歐盟和個別歐洲國家比如德國和西方國家的一些政治組織和基金會尤其熱衷於西方民主的"輸出"。[162] 西方的"出口"民主的策略當然與其政治價值觀和理想有關，但維持其戰略利益和其在世界上的霸權地位

160　在這裏外部勢力當然不包括中英兩國，因為兩者都聲稱香港是她們的一部分。

161　見 Stephen Kinzer, *Overthrow: America's Century of Regime Change from Hawaii to Iraq* (New York: Times Books, 2006)；又見 Mark Perry, *Eclipse: The Last Days of the CIA* (New York: William Morrow, 1992), pp. 246-249。

162　當中尤其突出的是由美國國會在 1983 年資助成立的"國家民主發展基金會"（National Endowment for Democracy）。

也至關重要。這個策略迄今已經取得不少成效，在歐洲和中亞地區出現的"顏色革命"可為明證。[163] 在香港，西方國家特別是美國和英國覺得自己有責任促使香港走向民主化，為此一直向中國政府施加外交和政治壓力，也不斷給香港的各種反對派勢力予道德和政治上的聲援。西方媒體更不時為反對派造勢，企圖動員更多香港人參與民主運動。不過，沒有充分證據證明香港的反對派從西方國家獲得充裕的物質援助。中國的日益強大、西方需要中國在國際事務上的參與、中國政府對西方國家介入香港內政的堅決反對、中國對西方擁有的"報復"和"反制"手段、香港人基本上不接受西方對中國和香港內政的干預、西方人不相信反對派有執政機會等因素都減低了西方國家推動香港民主化的積極性。當然，西方勢力在香港的政治改革過程中肯定具有一定的角色，但這個角色卻並不特別突出或重要。

第十九個特點是香港人對**民主化成果**的失望。局部民主化使得議會成為民主改革"成敗得失"的試驗場，人民容易從議

---

163 有關這方面的文獻甚多，可參考 Thomas Carothers, *Aiding Democracy Abroad: The Learning Curve* (Washington, DC: Carnegie Endowment, 1999); William I. Robinson, *Promoting Polyarchy: Globalization, US Intervention, and Hegemony* (New York: Cambridge University Press, 1996)；陳達，《顏色革命：中亞面臨的現實抉擇》(蘭州：蘭州大學出版社，2007)；Thomas Carothers, *Confronting the Weakest Link: Aiding Political Parties in New Democracies* (Washington, DC: Carnegie Endowment, 2006); James Dobbins et al., *America's Role in Nation-Building: From Germany to Iraq* (Santa Monica: RAND, 2003); Colin S. Cavell, *Exporting 'Made-in-America' Democracy: The National Endowment for Democracy & U.S. Foreign Policy* (Lanham: University Press of America, 2002)；Andrew Wilson, *Ukraine's Orange Revolution* (New Haven: Yale University Press, 2005); Lincoln A. Mitchell, *The Color Revolutions* (Philadelphia: University of Pennsylvania Press, 2012)。

會的表現量度民主政治的成效。不過，議會既然不是政策的制定者和執行者，而是不同"水火不容"的政治勢力的交鋒地，加上部分勢力訴諸於暴力，所以香港人容易將對議會的不滿轉化為對民主改革的不滿。香港人一方面希望有民主改革，但另一方面卻依然渴望保留非民主政體的強勢政府、快速的決策程序、果斷的施政行為、團結的政治領導和氛圍、共識政治的延續和"上行下效"、"如臂使指"的政策執行模式。人們不喜歡政治爭拗、人身攻擊、謠言中傷、嘩眾取寵、民粹主義等行為。香港人對非由選舉產生的機構和人物有較高的信任。所以，法院、公務員、警察、甚至中國人民解放軍駐港部隊的公眾信任度都比立法會和區議會為高。

　　個別來看，以上的特徵並非香港所獨有，不過它們加起來卻組成一個獨特的圖像，反映了香港的民主發展道路的特殊性。正由於其特殊性，我們不適宜隨便將西方政治學理論在香港套用，而必須實事求是地從香港本身的獨特性出發分析和了解香港的民主發展。尤其重要的，是我們必須根據香港自身的特點來設計香港的政治制度與推動它的不斷變革和發展，目的不單純講究其民主成分，更要着重其生存能力和持續發展的潛力，尤其是其能否配合"一國兩制"的動態發展。政治體制對經濟發展、民生福利和有效管治的作用無疑也是各方面不能不關注的課題。

結 語

經過三十多年的光景，香港在漫長的民主發展道路上仍然蠕蠕前行。這條民主道路究竟還有多長，而其終點又是何景象，現在尚未得知。反對派人士特別是年輕人感到不滿和沮喪不難理解。不過，如果我們簡單地將民主政治體制劃分為兩類：狹義的民主政體和廣義民主政體，則香港的民主發展仍有其積極和進步的意義。[164] 狹義的民主政體指政府通過某種公平和普及的選舉產生的政體，而廣義的民主政體則要求不單有選舉，還要具備自由、法治、司法獨立、良好管治（又稱善治）、少數群體的利益得到妥善照顧、成熟的公民社會、政府受到有效制衡等。在當今世界，大部分國家和地區都有普選政府和立法機關的制度，至於選舉是否公平、公正、公開和廉潔則各地差異甚大。很多實行普選國家卻欠缺那些一般相信和民主連結在一起的並構成一個整體的"好東西"（自由、法治、善治等）。西方政治學中遂產生了一系列表面看來自我矛盾的概念（oxymoron），例如不自由的民主政體（illiberal democracy）、有選舉的威權政體（elective authoritarianism）、沒有選擇的選舉制度

164　見劉兆佳，"香港民主發展的參考意義"《港澳研究》，夏季號，2008 年，第 1-14 頁。

（elections without choice）、不尋常的民主（uncommon democracy）、有競爭的威權主義（competitive authoritarianism）、"混合政權"（hybrid regime）等等的提出。[165]

　　總體來説，"香港特色的民主化"或"局部民主化"帶來了一個獨特的香港政治體制。這個體制混合了威權政治和民主政治、精英政治和群眾政治、行政主導和立法制衡、委任制度和選舉制度並存等矛盾元素，其運作遇到不少困難可以理解。究竟混合政治體制是否是穩定的制度，而它又能夠維持多久，政治學者的意見迄今仍是莫衷一是。就算認為這種政治體系難以持久的學者也認為它可以在一段相當長的時間內存在，因此具有一定的持續能力。另外一個爭論，是這種混合政治體系究竟會不斷向民主化道路上邁進，還是最終倒退為威權政體，學術界也沒有定論，畢竟這種政治體制的例子不多，而且出現的時間也不算長。

　　根據本書對香港獨特的民主發展道路的分析，我認為香港仍然會朝着民主化的軌跡前進，但仍需要經過頗長時間才能達到"終點"，而就算達到"終點"，香港仍會是一個"局部民主

165　見 Guy Hermet et al., *Elections Without Choice* (New York: Wiley, 1978); T.J. Pempel (ed.), *Uncommon Democracies: The One-Party Dominent Regimes* (Ithaca: Cornell University Press, 1990); Andreas Schedler (ed.), *Electoral Authoritarianism: The Dynamics of Unfree Competition* (Boulder: Lynne Rienner, 2006); Jason Brownlee, *Authoritarianism in an Age of Democratization* (Cambridge: Cambridge University Press, 2007); Steven Levitsky and Lucan A. Way, *Competitive Authoritarianism: Hybrid Regimes After the Cold War* (Cambridge: Cambridge University Press, 2010); 及 Andreas Schedler, *The Politics of Uncertainty: Sustaining and Subverting Electoral Authoritarianism* (New York: Oxford University Press, 2013)。

化"的政體，原因是香港永遠不會是獨立國家，而是中國的一個地區。當然，香港的民主化程度在"終點"時肯定比現今的為高，估計還不能夠滿足反對派的期望。

關於 2017 年的行政長官的普選辦法的激烈爭論中不同勢力之間的立場南轅北轍，達成共識的機會頗為渺茫。有些人認為這場政改的爭論代表着"最後一戰"或"終極一戰"，定下來的行政長官普選辦法將會長期固定下來，因此在這次政改鬥爭中誰勝誰敗至關緊要，不容有失。我的看法有所不同。香港的民主發展道路的一些特色，恰恰就是它的曲折性、曠日持久性、目的地不確定性和政治體制和選舉辦法的複雜性。因此，無論 2017 年的行政長官選舉辦法為何，無論香港的政制發展是否"原地踏步"，香港的民主化過程也不會戛然停止，還會繼續向前邁進，而與民主化有關的爭議和鬥爭仍會繼續在未來相當長時間困擾香港。行政長官的提名委員會的存廢問題、立法會的功能選舉的存廢問題、行政立法關係、中央和特區的權力劃分、中央與司法機關關係、《基本法》第 23 條立法問題等仍會是爭議不休的議題。

從悲觀的角度看，在反對派勢力和其支持者始終不願意接受香港回歸中國的事實，銳意建構香港為"獨立政治實體"，並試圖讓香港與內地切割的情況下，香港的政治和管治前景頗為黯淡。某種要求香港重回"威權式"政治體制的聲音有可能響起，香港的民主發展就算不走回頭路，亦會陷入停頓甚至終止狀態。從樂觀的角度看，客觀的限制和現實的考慮會迫使各方面特別是反對派縮窄分歧，互讓互諒，努力找尋彼此在一個

共同承認和接受的政治體系內和平共存、和平競爭，而香港與
中央與內地的關係則在"互相尊重"、"井水不犯河水"的原則
和實踐上逐步建立起來。然而這絕對不是一蹴而就的事，香港
還需要經歷坎坷的政治變遷、持續的管治困難、眾多的發展挑
戰和香港人的政治思維和文化的調適。

　　我個人傾向持較樂觀的看法。我相信絕大部分的香港人都
能夠從過去三十多年的政治風風雨雨中吸取教訓和增長智慧，
並從現實和理性的角度審視香港的民主發展的問題，在"一國
兩制"的框架中找到有利於中央與特區關係和達致有效的特區
管治的出路，而香港的民主發展仍會繼續蠕蠕和曲折向前推
進。

附記：香港政制改革大事記

　　在中英雙方主導但合作困難、主流精英態度保守、民主運動不強和港人猶豫的基本情況下，自從 1980 年代初發軔的香港政制改革的歷程至為艱辛，而且崎嶇滿途，間中更有倒退和停頓的情況。下面簡單講述自 1980 年代初以來與香港民主發展有關的政治事件和制度革新，目的在於勾畫香港民主發展的獨特路徑。[166]

　　1980 年 6 月，殖民政府發表《香港地方行政的模式綠皮書》，開始推行政制改革。[167]

　　1982 年，殖民政府公佈《地方行政白皮書》，決定成立區議會並進行區議會選舉。[168]

　　1984 年 4 月，英國外交大臣賀維（Geoffrey Howe）在香

166　見劉兆佳，《過渡期香港政治》（香港：廣角鏡出版社，1996 年）；蔡子強，《香港選舉制度透視》（香港：明報出版社，1998）；Alvin Y. So, *Hong Kong's Embattled Democracy: A Societal Analysis* (Baltimore: The Johns Hopkins University Press, 1999); 齊鵬飛，《鄧小平與香港回歸》（北京：華夏出版社，2004）；馬嶽，《香港 80 年代民主運動口述歷史》（香港：香港城市大學出版社，2012）；李曉惠，《邁向普選之路：香港政制發展進程與普選模式研究》（香港：新民主出版社，2013）；袁求實，《香港回歸大事記 1979-1997》（香港：三聯書店 1997）；袁求實，《香港回歸以來大事記 1997-2002》（香港：三聯書店，2003）；及《中華人民共和國香港特別行政區〈基本法〉及相關文件》（香港：三聯書店，2007）。

167　《綠皮書：香港地方行政的模式》（香港：香港政府印務局，1980 年 6 月）。

168　《香港地方行政〈白皮書〉》（香港：香港政府印務局，1981 年 1 月）。

港宣佈實行"代議制"。同年 7 月殖民政府發表《綠皮書：香港代議政制的進一步發展》。[169] 建議改革的目標帶有向"自治政府"邁進的意味。《綠皮書》開宗明義宣告："逐步建立一個政制，使其權力穩固地立根於香港，有充分權威代表香港人的意見，同時更能較直接向港人負責。"《綠皮書》的目的是要在回歸前建立一個以普選產生的立法機關為主導的政治體制，是把類似英國的西敏寺模式套用在香港。更重大的意義，是隱藏在《綠皮書》中的有關港督的甄選方法的可能改變："將來甄選港督〔實指將來香港特區的行政長官〕後任人的方式，一個可能辦法就是，作為政府的行政首長這個人選，可按照選舉程序選出；舉例而言，可由一個行政及立法兩局全體非官守議員所組成的選舉團，經過一段時間互相磋商後，選出港督。"反對派對《綠皮書》表示不滿意，認為民主化步伐太慢。《綠皮書》的發佈並沒有知會中國政府。中國政府對英國的"突襲"甚為不滿，公開和私下向英方表明反對《綠皮書》所建議的政制改革。到了年底，殖民政府發表《代議政制白皮書》時，已經不再堅持幾個月前的承諾。[170]

1985 年，為了反制英方，中方在香港政制發展上採取主動，成立了《基本法》起草委員會，正式開啟《基本法》的制定工作，並迫使英方要面對回歸前後香港的政治體制的銜接問

169　《代議政制〈綠皮書〉：代議政制在香港的進一步發展》（香港：香港政府印務局，1984 年 7 月）。

170　《代議政制〈白皮書〉：代議政制在香港的進一步發展》（香港：香港政府印務局，1984 年 11 月）。

題，而這個問題又聯繫到中英合作和香港的平穩過渡等一些更重大的問題。自從《綠皮書》發表以來，中國政府明顯地反對英國將立法局轉變為實際權力中心和把所有其他政治與管理制度從屬於立法局的意圖。英國若然一定要這樣做，便會被理解為對中國在香港的主權的侵犯。英國被要求放棄任何進一步改革的計劃，直到中國公佈她對香港未來政治制度的構想為止；或者除非英國的改革能夠與未來的制度銜接。

《基本法》的起草過程為香港的保守力量的凝聚提供了場地。保守力量特別是商界力量被動員起來反對殖民政府推行不成熟的民主化。同時，中國政府發動政治攻勢，通過正式和非正式的渠道公佈它對香港未來政治制度的立場，或起碼它有所保留的部分，主要是有關政黨政治、直接選舉和立法機關作為權力機關等方面。中方表明它推許的政治制度是一個"行政主導"的制度，該制度以行政首長為中心，獨立於那個以選舉產生的立法機關，並只在有限的程度上受其制約。

1985 年，殖民政府成立區域市政局為新界地區提供食物衛生、清潔街道、文娛康樂設施和管理食肆等市政服務，實際上為新界居民提供新的政治參與渠道。其政治意義在於在新界地區建立新的民意機構以反映民眾各方面的訴求和意見。

1985 年，殖民政府制定《立法會（權力和特權）條例》，以加強立法局的權力和地位。其中授予立法局或其常務委員會權力去"傳召任何人到立法局或其常務委員會作證或出示這個人所有的或由其管理的任何證件、書籍、記錄或文件"。這條法律的目的是要大幅擴大立法機關制衡政府的權力。

　　1986 年 10 月，反對派 190 人連署支持有關《基本法》未來政制方案的"190 人方案"發佈。建議包括行政長官參選人需經立法會提名，然後由全民普選選出。立法會的組成方面，1997 年的立法會的 50% 的議席應由分區直選產生。同月，由 91 個團體組成的民主政治促進聯委會（民促會）成立。

　　1987 至 1989 年，民促會發動多次爭取民主的行動。

　　1987 年 5 月和 1988 年 2 月，殖民政府發表分別題為《綠皮書：一九八七年代議政制發展檢討》和《代議政制今後的發展白皮書》的兩份文件，在政制改革一事上作出戰略性退卻。[171] 雖然英國向反對派做出一些讓步，但中長期的政制改革計劃實際上消失了。英國對在香港實行直接選舉的決心本來就不大，現在更被中國政府和香港的保守勢力壓抑下來。為了自圓其說，《白皮書》認為"不少市民擔心太急促實行直接選舉會危及香港未來的安定和繁榮。總括來說，雖然大多數人贊成直接選舉，但極少人希望在短期內便實行。"《白皮書》也沒有意圖去改變港督的甄選方式。更重要的，《白皮書》指出，"在考慮 1997 年前進一步發展香港的代議政制時，必須顧及中英聯合聲明的有關規定和《基本法》起草委員會對 1997 年後怎樣執行這些規定的商議。"這就是說，英方同意 1997 年前的政制改革要與《基本法》的有關規定銜接。《白皮書》還提出，1997 年前立法會應加入若干直選議員。中方對此原則上不持異議，但直選議員的名額要待《基本法》定案後才能確

171　《綠皮書：一九八七年代議政制發展檢討》（香港：香港政府印務局，1987 年 5 月）；及《白皮書：代議政制今後的發展》（香港：香港政府印務局，1988 年 2 月）。

定。至此中英雙方就政制發展的"直通車"達成共識。

1989 年內地爆發"六四事件",香港的民主訴求陡然升溫。反對派自然趁機提出"激進"的民主化的要求。行政局議員和立法局議員提出"兩局共識",建議進一步的政制改革。89 名來自商界和專業界的基本法諮詢委員會委員出於對中國政府的不滿和對香港前途的擔憂也提出新的政制改革方案。所有提出的方案都頗為"進取",反映在"六四事件"後香港出現混亂和動盪的政治形勢,中英所達成的政制"直通車"協定面對嚴峻考驗。在民主化問題上,中英政府備受壓力。

1990 年初,中英雙方通過外交途徑進行"秘密談判",並在《基本法》頒佈前一刻達成新的"直通車"協定。談判的焦點在於香港的 1991 年立法會選舉首次引進多少直選議員等問題。中英的協議體現在兩國外長交換的七封書面資訊文件之中。在最後的一封信中,英國外交大臣韓達德(Douglas Hurd)表明:"我現在準備就以下文字同中國政府確認一項諒解。如果《基本法》最後文本中規定香港特別行政區立法機構中的直選席位在 1997 年為 20 個,在 1999 年 24 席,在 2003 年 30 席,英國政府準備將於 1991 年實行直選時把直選議席限制在 18 席。"不過,中英的有關政制"直通車"安排的"秘密協議"並沒有向外公佈。

1990 年 4 月 4 日,中國政府頒佈香港特別行政區《基本法》。《基本法》將中英"秘密協定"的內容寫進《基本法》內"全國人民代表大會關於香港特別行政區第一屆政府和立法會產生辦法的決定"的第六條和《基本法》附件二的第一項第一款之中。這項決定的第六條寫道："原香港最後一屆立法局的組成如符合本決定和香港特別行政區《基本法》的有關規定，其議員擁護中華人民共和國香港特別行政區《基本法》、願意效忠中華人民共和國並符合相關特別行政區基本方法規定條件者，經香港特別行政區籌備委員會確認，即可成為香港特別行政區第一屆立法會議員。"由是，中英商定的新的政制"直通車"安排以法律方式確定下來。

1990 年 4 月 6 日，香港民主同盟（港同盟）成立，乃香港第一個以政黨自稱的政治團體。

1992 年 10 月，港督彭定康執行英國的新的、較強硬的對華政策，在未經與中方打招呼和商討的情況下，悍然推翻了中英雙方達成並寫進《基本法》的"秘密協定"。在其就任後的第一份施政報告中，彭定康提出一套對香港現行政治體制作出重大改變的政改方案。該方案的主要內容有幾方面。第一是行政立法分家。行政局議員"被遊說"自動請辭，好讓港督有機會按照新的政治形勢重組行政局。重組後的行政局不再包括立法局議員，而港督不再擔當立法局主席的職務。由是，立法局不再受行政機關所領導，從此變為獨立於行政機關，有自己的權力基礎和負起監督和制衡政府的民意機構。第二是改變功能團體選舉間接選舉的性質和目的，使它變成帶有普選性質的分行業直接選舉，取消了《基本法》所給予工商和專業精英的特殊政治權利。在 1995 年的立法局選舉中，新增的九個功能團體不再稱為"團體"，而是"組別"，亦稱"新九組"。它們的選民範圍擴大到整個香港的就業人口，使功能團體和組別的選民基

礎由 1991 年選舉的不足 10 萬人激增至 270 萬人。第三，1995
年選舉產生 10 名立法局議員的選舉委員會，其全部或大部分
委員由直接選舉產生的區議會議員組成，這與《基本法》的規
定不符，也違反了中、英政府的"秘密"協議。第四，所有分
區直選都採用"單議席單票制"。第五，取消所有區域政治（區
議會、市政局和區域市政局）的委任議席。彭定康的政改方案
遇到中國政府的強烈反對。

1993 年 4 月 21 日至同年的 11 月 27 日，中英雙方就
1994/1995 年的選舉安排進行了 17 輪會談。[172] 最後雙方談判
破裂，新的"直通車"脫軌。全國人大常委會於 1994 年 8 月
31 日作出了"殖民地"最後一屆立法局於 1997 年 6 月 30 日終
止的決定。英方遂於 1995 年按照彭定康政改方案進行立法會
選舉，而中方則"另起爐灶"以作應對，成立特區籌委會預備
工作委員會研究香港特區第一屆政府和立法會的產生辦法。

1994 年 10 月 2 日，港同盟與中間路線的政治團體"匯點"
合併為"民主黨"。

1996 年籌委會制定了第一屆政府推選委員會的具體產生
辦法，隨後組織推選產生香港特別行政區第一屆行政長官人。
推選委員會於同年 12 月 11 日以無記名投票方式選出董建華為

172　中國政府對中英談判的版本，見《中英關於香港 1994/95 年選舉安排會談中幾個主
　　要問題的真相》（香港：三聯書店，1994）；賴其之編，《香港回歸祖國的洪流不可
　　阻擋──評英方香港代議政制白皮書》（香港：廣宇出版社，1994）；及賴其之編，
　　《香港回歸祖國的洪流不可阻擋──評英方香港代議政制白皮書》（香港：廣宇出版
　　社，1994）。英國政府的版本則見《香港代議政制》（本白皮書轉載一九九四年二月
　　二十四日英國外交及聯邦事務大臣奉女皇命向國會提交的白皮書全文）（香港：香
　　港政府印務局，1994 年 4 月）。

香港特別行政區第一任行政長官。

1996 年籌委會決定成立香港特別行政區臨時立法會。同年 12 月 21 日第一屆政府推選委員會以無記名投票產生了香港特別行政區臨時立法會。

1997 年 7 月 1 日，中華人民共和國香港特別行政區成立，中國恢復在香港行使主權，正式結束了自 1843 年以來英國對香港的殖民管治。

1999 年底，市政局和區域市政局撤銷，特區政府重組施政服務架構。兩個市政局的撤銷，對反對派的發展不利，原因是兩個市政局的選舉是反對派培植人才的重要渠道之一。兩個市政局的議席是反對派政客從區議會到立法會的晉升事業中的“中途站”。突然失去兩個市政局的議席使得不少反對派人士被迫滯留在區議會這個“初級”階段，對他們的士氣和從政動機不無打擊。此外，反對派黨派可以從其兩局的議員中抽取部分議員酬金作營運用途。兩個市政局的消失，對反對派的財政狀況也有影響。當然，建制派的黨派也受到影響，但它們的財政資源比較充裕，而且又可以通過特區政府的行政任命來建立政治“事業”，損失程度實屬有限。

2002 年 7 月，第二屆特區政府就任，主要官員問責制開始實施。主要官員問責制的開設有標誌性意義。它結束了一直以來政府的高層決策官員由職業公務員出任的局面。今後那些官員改以政治任命方式聘用，需要承擔政治責任，並因為政治原因而進退。相對於過去公務員無須承擔政治責任而享有“鐵飯碗”保護的制度安排，主要官員問責制的引入，反映香港的民主化進程跨進一步。此外，由於公務員不再"壟斷"決策官員的職位，各方社會精英也有機會獲得任命，香港人的政治參與機會有所開拓。主要官員問責制對政黨的發展也有裨益，原因是政黨成員得到了晉身決策官員行列的渠道。

2003 年，香港出現回歸以來最大規模的群眾示威遊行，遊行由民間人權陣線策動，主要的目標是反對《基本法》第 23 條立法和要求特首董建華下台。同時，香港人對政府和對現狀的不滿引發了要求普選行政長官和立法會的呼聲。反對派趁機發動新一輪爭取政制改革的行動。

2004 年 4 月 6 日，全國人大常委會對《基本法》附件一第七條和附件二第三條進行解釋。主要內容有兩方面。首先，明確了行政長官和立法會兩個產生辦法的每一次修改都需要經過五個步驟，及所謂"五步曲"。一是行政長官向全國人大常委會提出報告；二是全國人大常委會對是否需要修改作出決定；三是特區政府向立法會提出修改行政長官和立法會產生辦法的法案，並經立法會以全體議員三分之二多數通過；四是行政長官同意經立法會通過的修改行政長官和立法會產生辦法的法案；五是行政長官將有關法案報全國人大常委會，由全國人大常委會批准或者備案。其實，"五步曲"的五個步驟，是在兩個附件原來規定的三個環節之前增加了兩個環節：第一個是行政長官向全國人大常委會提出報告，第二個是是否修改的決定由全國人大常委會作出。由"三部曲"變成"五步曲"的意義是凸顯中央在香港政改問題上的主導地位。

第二，進一步明確了 2007 年以後行政長官和立法會產生

辦法"是否修改、如何修改"的提案權在行政長官，啟動權則
在中央。

2004 年，全國人大常委會通過關於香港特區 2007 年行政
長官和 2008 年立法會產生辦法有關問題的決定，此決定乃為
香港出現的民主運動而作出。決定重申："有關香港特別行政
區行政長官和立法會產生辦法的任何改變，都應遵循與香港社
會、經濟、政治的發展相協調，有利於社會各階層、各界別、
各方面的均衡參與，有利於行政主導體制的有效運行，有利於
保持香港的長期繁榮穩定等原則。"決定認為目前香港還不具
備普選特首和立法會的條件。所以，"一、2007 年香港特別行
政區第三任行政長官的選舉，不實行由普選產生的辦法。2008
年香港特別行政區第四屆立法會的選舉，不實行全部議員由普
選產生的辦法，功能團體和分區直選產生的議員各佔半數的比
例維持不變，立法會對法案、議案的表決程序維持不變。二、
在不違反本決定第一條的前提下，2007 年香港特別行政區第
三任行政長官和具體產生辦法和 2008 年香港特別行政區第四
屆立法會的具體產生辦法，可按照香港《基本法》〔的相關規
定〕……作出符合循序漸進原則的適當修改。"人大常委會這
個決定沒有在香港引發大規模抗議行動。

2005 年 4 月 27 日，全國人大常委會對《基本法》第 53 條
第二款進行解釋，對行政長官的任期作出清晰規定。第一，在
2007 年以前，如出現行政長官未任滿《基本法》第 46 條規定
的五年任期導致行政長官缺位元的情況，新的行政長官的任期
應為原行政長官的剩餘任期。第二，在 2007 年以後，如對上

述行政長官產生辦法作出修改，屆時出現行政長官缺位元的情況，新的行政長官的任期應根據修改後的行政長官具體產生辦法確定。"

2005 年 10 月，特區政府根據同年 4 月的人大釋法，提出了對行政長官和立法會產生辦法的修改建議，並應用在 2007/2008 的行政長官和立法會的選舉中。主要內容有三方面。第一，在行政長官選舉方面，全體區議會議員都成為行政長官選舉委員會的當然委員。第二，立法會議席的數目由 60 席增加到 70 席，其中分區直選和功能組別選舉的議席各由 30 席增加到 35 席。第三，功能組別新增的五席全部分配於區議會界別。特區政府的建議使兩項選舉的選民基礎擴大到三百萬人。香港人對特區政府的政制改革建議大體上表示支持。可是，反對派堅持要將政改方案與普選時間表捆綁在一起，在得不到政府的"讓步"後便全體一致在立法會投反對票，致使特區政府的政改方案無法以三分二大多數通過。香港的民主發展遂陷入"原地踏步"之困境。

2006 年開始為期一年多，特區政府以策略發展委員為平台，推動政改問題的討論，主要目的是徵詢各方面意見，找尋縮窄分歧的途徑，而並非要在策發會內形成政制改革的共識。

2007 年 12 月 29 日，為了解決香港甚麼時候能夠實施普選的爭議，推進香港的民主發展，全國人大常委會作出了重要決定，明確表示香港可以在 2017 年普選行政長官，2020 年可以普選立法會。立法會普選必須在行政長官普選之後才可舉行。特區政府隨即發出諮詢文件，收集各方面對 2012 年行政長官和立法會產生辦法的意見。

2009 年底，社民連和公民黨提出"五區公投"行動，讓五個區的反對派直選議員辭職，辭職後每一個選區便出現一個空缺，需要進行補選，在一人一票下產生新議員。反對派意圖以"爭取 2012 雙普選"為單一議題進行補選，全港三百多萬選民均可前往投票，變相進行"全民公投"。不過，在中央嚴正反對、民主黨不予支持和香港人普遍冷淡的情況下，2010 年 5 月 16 日的補選投票率只有香港分區直選歷史上最低的 17.1%，"五區公投"慘澹收場。

2010 年 4 月，特區政府提出來 2012 年行政長官和立法會產生辦法的建議。主要內容包括：行政長官的選舉委員會人數由 800 人增加到 1200 人；選委會的第四界別所增加的 100 個委員中，75 個分配於民選區議員，從而增加選委會的"民主"成分；立法會議席由 60 席增加至 70 席，分區直選和功能組別各佔 35 席；新增的五個功能組別議席，以及原有的一個區議會議席，全數由民選區議員互選產生，目的是提高立法會的民選成分和代表性。不過，反對派的多數人仍然對政府提出的方案不滿，方案有"觸礁"的危險。為了讓香港政制向前邁進，中央直接"出手"與民主黨接觸，並接納其"一人兩票"的方案。特區政府嗣後對其原來方案作出修改，主要是讓立法會新增的五個功能組別議席，由民選區議員提名，然後由當時在原來的功能組別中沒有投票權的登記選民一人一票選出。坊間形容這五個議席為"超級區議會議席"。至於原來的一個區議會功能組別議席，則由民選區議員互選產生。如此一來，每名選民在立法會選舉中都有兩票，一票投地區直選議席，一票投功能組別議席。經修改後的政府政改方案，在民主黨、民協和若干反對派議員的支持下在立法會獲得通過，香港的政制發展在回歸後首次向前邁進一步。[173]

2013 年開始，反對派各方勢力發動攻勢，要求在 2017 年實施他們屬意的行政長官的"真普選"。所謂"真普選"是要否定行政長官選舉中提名委員會的角色，目的是要讓反對派認可的人成為特首候選人。他們試圖爭取香港人支持"公民提名"和"政黨提名"為法定的提名方式，並威脅如果中央不接受便要發動"佔領中環"或"五區公投"行動。在一段時間內，反對派的"搶先"策略的確是他們取得主動權，對中央和特區政府形成了壓力。

2013 年 3 月 24 日和 2013 年 11 月 22 日，全國人大法律工作委員會主任委員喬曉陽和香港《基本法》委員會主任李飛分別發言，闡述中央對普選行政長官的立場，表明中央不會接受與中央對抗的人為香港的行政長官，同時說明提名委員會的提名程序屬"機構提名"，必需體現提名委員會的"集體意志"。

---

173 民主黨願意與中央直接對話並且後來在立法會支持修訂後的政府政改方案，並敢於面對其他激進民主派的攻擊和污蔑，其元老司徒華在去世前擔當關鍵角色。對此司徒華有這樣的說法："我不諱言，民主黨的改良方案，主要的建議是由我構想的。眼見中方願意與民主派溝通，我力主民主黨就政府的政改方案，提出新建議。……我不希望重蹈二零零五年政制改革的原地踏步，因為我看准了時勢，認為中方會接受我的建議。原因有三個。第一，國家副主席習近平剛接管香港事務，方案能否通過，他起到很大的作用。第二，他在二零一二年，就會接替胡錦濤當國家主席，假如這次他所主理的方案被否決原地踏步，身為主管香港事務的人，對他的威信打擊很大。他輸不起，十五年都沒有進步，不能交代。第三，從香港的形勢來看，香港在未來兩年，有很多政治事件發生，需要一個和諧和政治環境。"見司徒華，《大江東去：司徒華回憶錄》(Hong Kong: Oxford University Press, 2011)，第 437 頁。

兩人的講話雖然沒有明確否定"公民提名"和"政黨提名"，但結論已是呼之欲出，明白不過。至此中央對普選特首的底線已經相當清楚。

2013 年 12 月，香港特區政府發出題為《有商有量、實現普選》的文件，就 2017 年行政長官和 2016 年立法會產生辦法諮詢公眾。雖然特區政府的立場隱然可見，但基本上仍希望以開放態度與各方面磋商問題。

2014 年開始，香港的政改爭議進入短兵交戰之局。反對派、建制派、中央官員、內地學者和特區政府官員紛紛就政改問題表達立場，各自竭力爭取群眾的支持。

總的來說，圍繞着民主化和政制改革的爭議和鬥爭遠未結束，也無從判斷何時才會結束。其實，政制發展的問題只是政治形勢變化的表象之一。香港的根本政治生態假如沒有徹底改變，中國政府與部分"反共"港人之間和香港內部不同政治勢力之間的深層次矛盾和對立一天沒有紓緩，則政治爭鬥不會止息，而要在政制改革問題上凝聚共識便成為不可能完成的任務（mission impossible）。